DA ALMA
DE ANIMA

O livro é a porta que se abre para a realização do homem.

Jair Lot Vieira

ARISTÓTELES

DA ALMA
DE ANIMA

TRADUÇÃO, TEXTOS ADICIONAIS E NOTAS
EDSON BINI
Estudou Filosofia na Faculdade de Filosofia,
Letras e Ciências Humanas da USP.
É tradutor há mais de 40 anos.

edipro

Copyright da tradução e desta edição © 2011 by Edipro Edições Profissionais Ltda.

Todos os direitos reservados. Nenhuma parte deste livro poderá ser reproduzida ou transmitida de qualquer forma ou por quaisquer meios, eletrônicos ou mecânicos, incluindo fotocópia, gravação ou qualquer sistema de armazenamento e recuperação de informações, sem permissão por escrito do editor.

Grafia conforme o novo Acordo Ortográfico da Língua Portuguesa.

1ª edição, 2ª reimpressão 2021.

Editores: Jair Lot Vieira e Maíra Lot Vieira Micales
Coordenação editorial: Fernanda Godoy Tarcinalli
Produção editorial: Murilo Oliveira de Castro Coelho
Tradução, textos adicionais e notas: Edson Bini
Revisão: Fernanda Godoy Tarcinalli
Revisão do grego: Ticiano Lacerda
Diagramação e Arte: Ana Laura Padovan, Karina Tenório, Karine Moreto de Almeida e Simone Melz

Dados Internacionais de Catalogação na Publicação (CIP)
(Câmara Brasileira do Livro, SP, Brasil)

Aristóteles (384-322 a.C.)
    Da alma / Aristóteles; tradução, textos adicionais e notas Edson Bini. – São Paulo : EDIPRO, 2011. – (Série Clássicos Edipro)

    Título original: ΠΕΡΙ ΨΥΧΗΣ.
    ISBN 978-85-7283-761-3

    1. Aristóteles 2. Filosofia antiga I. Título. II. Série.

11-04927   CDD-185

Índices para catálogo sistemático:
1. Aristóteles : Obras filosóficas : 185
2. Filosofia aristotélica : 185

edipro

São Paulo: (11) 3107-7050 • Bauru: (14) 3234-4121
www.edipro.com.br • edipro@edipro.com.br
@editoraedipro   @editoraedipro

SUMÁRIO

CONSIDERAÇÕES DO TRADUTOR | 7

DADOS BIOGRÁFICOS | 11

ARISTÓTELES: SUA OBRA | 19

CRONOLOGIA | 37

LIVRO I | 39

LIVRO II | 69

LIVRO III | 109

CONSIDERAÇÕES DO
TRADUTOR

PRIMEIRAMENTE ALGUMAS CONSIDERAÇÕES sumárias pertinentes à obra contida neste volume.

O ΠΕΡΙ ΨΥΧΗΣ (PERI PSYKHES), que, por força do título consagrado pela tradição, e mesmo pela inexistência de um termo que melhor traduza ψυχή (*psykhé*) – o vocábulo *mente*, por conta de suas múltiplas acepções, é certamente ainda mais impróprio – prosseguimos traduzindo por *Da Alma*, em paridade com a expressão latina (*De Anima*), é um texto complexo de Aristóteles que, tal como seus demais tratados esotéricos, porém de maneira ainda mais incisiva, deve ser lido e estudado tendo em vista o contexto de todo o sistema filosófico aristotélico.

Sua compreensão, como procura esclarecer nossa primeira nota da tradução centrada no conceito principal do tratado, já esbarra precisamente nesse conceito nevrálgico.

A psicologia de Aristóteles situa-se em uma zona de confluência entre a biologia (zoologia, botânica e fisiologia), a física e a metafísica. No *Da Alma* ele busca a definição da psique, ou seja, do *princípio vital dos seres vivos*, paralelamente o como esse princípio se relaciona com o corpo e como ele, ou seja, o princípio, opera.

Nessa ótica e perspectiva, nosso termo *alma* é conceitualmente falho e mesmo enganoso. Essa palavra, como nos outros idiomas modernos, e marcantemente nas línguas românicas, em consonância, sobretudo, com o pensamento cristão e a teologia cristã, faz parte mais propriamente da terminologia religiosa e mística do que da psicologia, e acarreta, além da dualidade alma/corpo, outras tantas na sua paridade com o termo espírito (espírito/corpo, espírito/carne, espiritual/físico etc.) que implicam necessariamente oposições que são estranhas à ordem de reflexão desenvolvida por Aristóteles no *Da Alma* e, ademais, em todos os pequenos tratados que lhe são correlatos e lhe dão continuidade expositiva (*Parva Naturalia*), bem como nos que lhe são anteriores ou concomitantes e que pelos seus temas a ele estão associados, quais sejam, os textos que classificaríamos como de zoologia, principalmente *Das Partes dos Animais* e *Da Geração dos Animais*. Nessa reflexão a *Física* e a *Metafísica* contribuem flagrantemente com os conceitos aristotélicos basilares de forma/matéria (εἶδος/ὕλη [*eîdos/hýle*]) e potência/ato (δύναμις/ἐνέργεια [*dýnamis/enérgeia*]).

Embora distinga teoricamente alma e corpo, a questão propriamente dita da dualidade alma/corpo, sua dissociação e possível sobrevivência da primeira após a morte, questão essa amplamente ventilada por Platão, é meramente mencionada ocasionalmente por Aristóteles no *Da Alma* e, decerto, tangenciada, porém permanece fora do foco de sua investigação.

Portanto, o estudo deste tratado, para revelar-se proveitoso, deve, a despeito dessa inflexibilidade que lhe é inerente, restringir-se a uma conexão estreita e necessária com os tratados supracitados, sem nos permitirmos a licença de incursões a "terras estrangeiras", mesmo ao pensamento escolástico de Tomás de Aquino, que embora fecundo e brilhante, não é o pensamento aristotélico original.

Quanto à tradução, lembramos ao leitor que pautamos nosso trabalho sempre pela regra de trilhar o caminho mediano entre a literalidade e a paráfrase, julgando uma e outra, isoladamente, inconvenientes, sobretudo em uma tradução cujo propósito é simplesmente didático e humanisticamente formativo, e não erudito.

Os eventuais termos entre colchetes procuram completar conjeturalmente ideias onde ocorrem hiatos que comprometem a compreensão.

Empregamos para essa tradução conjuntamente os textos de I. Bekker e W. D. Ross, sem deixar de consultar ocasionalmente também aqueles de outros helenistas.

Como de costume, fizemos constar à margem esquerda das páginas a numeração da edição referencial de I. Bekker de 1831, que se mostra extraordinariamente útil e indispensável para facilitar as consultas.

Solicitamos ao leitor – legítimo juiz de nosso trabalho – que manifeste sua opinião, não só incluindo possíveis elogios, como também críticas, e nos envie suas sugestões, para que possamos aprimorar as edições vindouras.

DADOS BIOGRÁFICOS

ARISTÓTELES NASCEU EM ESTAGIRA, cidade da Macedônia, localizada no litoral noroeste da península da Calcídia, cerca de trezentos quilômetros ao norte de Atenas. O ano de seu nascimento é duvidoso – 385 ou, mais provavelmente, 384 a.C.

Filho de Nicômaco e Féstias, seu pai era médico e membro da fraternidade ou corporação dos *Asclepíades* (Ἀσκληπίαδης [*Asklepíades*], ou seja, *filhos ou descendentes de Asclépios*, o deus da medicina). A arte médica era transmitida de pai para filho.

Médico particular de Amintas II (rei da Macedônia e avô de Alexandre), Nicômaco morreu quando Aristóteles tinha apenas sete anos, tendo desde então o menino sido educado por seu tio Proxeno.

Os fatos sobre a infância, a adolescência e a juventude de Aristóteles são escassos e dúbios. Presume-se que, durante o brevíssimo período que conviveu com o pai, este o tenha levado a Pela, capital da Macedônia ao norte da Grécia, e tenha sido iniciado nos rudimentos da medicina pelo pai e pelo tio.

O fato indiscutível e relevante é que aos dezessete ou dezoito anos o jovem Estagirita transferiu-se para Atenas, e durante cerca de dezenove anos frequentou a *Academia* de Platão, deixando-a somente após a morte do mestre em 347 a.C., embora Diógenes Laércio (o maior dos biógrafos de Aristóteles na antiguidade) afirme que ele a deixou enquanto Platão ainda era vivo.

Não há dúvida de que Aristóteles desenvolveu laços de amizade com seu mestre e foi um de seus discípulos favoritos. Mas foi Espeusipo que herdou a direção da Academia.

O leitor nos permitirá aqui uma ligeira digressão.

Espeusipo, inspirado no último e mais extenso diálogo de Platão (*As Leis*), conferiu à Academia um norteamento franca e profundamente marcado pelo orfismo pitagórico, o que resultou na rápida transformação da Academia platônica em um estabelecimento em que predominava o estudo e o ensino das matemáticas, trabalhando-se mais elementos de reflexão e princípios pitagóricos do que propriamente platônicos.

Divergindo frontalmente dessa orientação matematizante e mística da filosofia, Aristóteles abandonou a Academia acompanhado de outro discípulo de Platão, Xenócrates, o qual, contudo, retornaria posteriormente à Academia, aliando-se à orientação pitagorizante de Espeusipo, mas desenvolvendo uma concepção própria.

Os "fatos" que se seguem imediatamente acham-se sob uma nuvem de obscuridade, dando margem a conjeturas discutíveis.

Alguns autores pretendem que, logo após ter deixado a Academia, Aristóteles abriu uma Escola de retórica com o intuito de concorrer com a famosa Escola de retórica de Isócrates. Entre os discípulos do Estagirita estaria o abastado Hérmias, que pouco tempo depois se tornaria tirano de Atarneu (ou Aterna), cidade-Estado grega na região da Eólida.

Outros autores, como o próprio Diógenes Laércio, preferem ignorar a hipótese da existência de tal Escola e não entrar em minúcias quanto às circunstâncias do início do relacionamento entre Aristóteles e Hérmias.

Diógenes Laércio limita-se a afirmar que alguns supunham que o eunuco Hérmias era um favorito de Aristóteles, e outros, diferentemente, sustentam que o relacionamento e o parentesco criados entre eles foram devidos ao casamento de Aristóteles com Pítia – filha adotiva, irmã ou sobrinha de Hérmias – não se sabe ao certo.

Um terceiro partido opta por omitir tal Escola e associa o encontro de Aristóteles com Hérmias indiretamente a dois discípulos de Platão e amigos do Estagirita, a saber, Erasto e Corisco, que haviam redigido uma Constituição para Hérmias e recebido apoio deste para fundar uma Escola platônica em Assos, junto a Atarneu.

O fato incontestável é que nosso filósofo (Aristóteles) conheceu o rico Hérmias, durante três anos ensinou na Escola platônica de Assos, patrocinada por ele, e em 344 a.C. desposou Pítia.

Nessa Escola nosso filósofo conheceu Teofrasto, o qual se tornaria o maior de seus discípulos. Pertence a este período incipiente o primeiro trabalho filosófico de Aristóteles: *Da Filosofia*.

Após a invasão de Atarneu pelos persas e o assassinato de Hérmias, ocasião em que, segundo alguns autores, Aristóteles salvou a vida de Pítia providenciando sua fuga, dirigiu-se ele a Mitilene na ilha de Lesbos. Pouco tempo depois (em 343 ou 342 a.C.), aceitava a proposta de Filipe II para ser o preceptor de seu filho, Alexandre (então com treze anos) mudando-se para Pela. Na fase de Pela, o Estagirita escreveu duas obras que só sobreviveram fragmentariamente e em caráter transitório: *Da Monarquia* e *Da Colonização*. Nosso filósofo teria iniciado, também nesse período, a colossal *Constituições*, contendo a descrição e o estudo de 158 (ou, ao menos, 125) formas de governo em prática em toda a Grécia (desse alentadíssimo trabalho só restou para a posteridade a *Constituição de Atenas*).

Depois de haver subjugado várias cidades helênicas da costa do mar Egeu, e inclusive ter destruído Estagira (que ele próprio permitiria depois que fosse reconstruída por Aristóteles), Filipe II finalmente tomou Atenas e Tebas na célebre batalha de Queroneia, em 338 a.C.

Indiferente a esses fatos militares e políticos, o Estagirita prosseguiu como educador de Alexandre até a morte de Filipe e o início do reinado de Alexandre (335 a.C.). Retornou então a Atenas e fundou nesse mesmo ano sua Escola no Λύκειον (*Lýkeion – Liceu*), que era um ginásio localizado no nordeste de Atenas, junto ao templo de Apolo Lício, deus da luz, ou Λύκειος (*Lýkeios* – literalmente, *destruidor de lobos*).

O Liceu (já que o lugar emprestou seu nome à Escola de Aristóteles) situava-se em meio a um bosque (consagrado às Musas e a Apolo Lício) e era formado por um prédio, um jardim e uma alameda adequada ao passeio de pessoas que costumavam realizar uma *conversação caminhando* (περίπατος – *perípatos*), daí a filosofia aristotélica ser igualmente denominada filosofia *peripatética*, e sua Escola, Escola *peripatética*, referindo-se à tal alameda e especialmente ao hábito de o Estagirita e seus discípulos andarem por ali discutindo questões filosóficas.

A despeito de estar em Atenas, nosso filósofo permanecia informado das manobras político-militares de Alexandre por meio do chanceler macedônio e amigo, Antipater.

O período do Liceu (335-323 a.c.) foi, sem dúvida, o mais produtivo e fecundo na vida do filósofo de Estagira. Ele conjugava uma intensa atividade intelectual entre o ensino na Escola e a redação de suas obras. Durante a manhã, Aristóteles ministrava aulas restritas aos discípulos mais avançados, os chamados cursos *esotéricos* (ἐσωτερικοί) ou *acroamáticos* (ἀκροαματικοί), os quais versavam geralmente sobre temas mais complexos e profundos de lógica, matemática, física e metafísica. Nos períodos vespertino e noturno, Aristóteles dava cursos abertos, acessíveis ao grande público (*exotéricos* [ἐξωτερικοί]), via de regra de dialética e retórica. Teofrasto e Eudemo, seus principais discípulos, atuavam como assistentes e monitores, reforçando a explicação das lições aos discípulos e anotando-as para que posteriormente o mestre redigisse suas obras, com base nelas.

A distinção entre cursos esotéricos e exotéricos e a consequente separação dos discípulos não eram motivadas por qualquer diferença entre um ensino secreto místico, reservado apenas a *iniciados*, e um ensino meramente religioso, ministrado aos profanos, nos moldes, por exemplo, das instituições dos pitagóricos.

Essa distinção era puramente pragmática, no sentido de organizar os cursos por nível de dificuldade (didática) e, sobretudo, restringir os cursos exotéricos àquilo que despertava o interesse da grande maioria dos atenienses, a saber, a dialética e a retórica.

Nessa fase áurea do Liceu, nosso filósofo também montou uma biblioteca incomparável, constituída por centenas de manuscritos e mapas, e um museu, o qual era uma combinação de jardim botânico e jardim zoológico, com uma profusão de espécimes vegetais e animais oriundos de diversas partes do Império de Alexandre Magno.

Que se acresça, a propósito, que o *curriculum* para o aprendizado que Aristóteles fixou nessa época para o Liceu foi a base para o *curriculum* das Universidades europeias durante mais de dois mil anos, ou seja, até o século XIX.

A morte prematura de Alexandre em 323 a.C. trouxe à baila novamente, como trouxera em 338 a.C., na derrota de Queroneia, um forte ânimo patriótico em Atenas, encabeçado por Demóstenes (o mesmo grande orador que insistira tanto no passado recente sobre a ameaça de Filipe). Isso, naturalmente, gerou um acentuado e ardente sentimento antimacedônico. Como era de esperar, essa animosidade atingiu todos os cidadãos atenienses e metecos que entretinham, de um modo ou de outro, relações com os macedônios.

Nosso filósofo viu-se, então, em uma situação bastante delicada, pois, macedônio de nascimento, não apenas residira em Pela durante anos, cuidando da educação do futuro senhor do Império, como conservara uma correspondência regular com Antipater (braço direito de Alexandre), com quem estreitara um fervoroso vínculo de amizade. As constantes e generosas contribuições de Alexandre ao acervo do Liceu (biblioteca e museu) haviam passado a ser observadas com desconfiança, bem como a amizade "suspeita" do aristocrático e conservador filósofo, que nunca ocultara sua antipatia pela democracia ateniense e que, às vezes, era duro na sua crítica aos próprios atenienses, como quando teria dito que "os atenienses criaram o trigo e as leis, mas enquanto utilizam o primeiro, esquecem as segundas".

Se somarmos ainda a esse campo minado sob os pés do Estagirita o fato de o Liceu ser rivalizado pela nacionalista Academia de Espeusipo e a democrática Escola de retórica de Isócrates, não nos espantaremos ao constatar que muito depressa os cidadãos atenienses começaram a alimentar em seus corações a suspeita de que Aristóteles era um *traidor*.

Segundo Diógenes Laércio, Aristóteles teria sido mesmo acusado de impiedade (cometendo-a ao render culto a um mortal e o divinizando) pelo sumo sacerdote Eurimédon ou por Demófilo.

Antes que acontecesse o pior, o sisudo e imperturbável pensador optou pelo exílio voluntário e abandonou seu querido Liceu e Atenas em 322 ou 321 a.C., transferindo-se para Cálcis, na Eubeia, terra de sua mãe. No Liceu o sucederam Teofrasto, Estráton, Lícon de Troas, Dicearco, Aristóxeno e Aríston de Cós.

Teria dito que agia daquela maneira "para evitar que mais um crime fosse perpetrado contra a filosofia", referindo-se certamente a Sócrates.

Mas viveria pouquíssimo em Cálcis. Morreu no mesmo ano de 322 ou 321, aos sessenta e três anos, provavelmente vitimado por uma enfermidade gástrica de que sofria há muito tempo. Diógenes Laércio supõe, diferentemente, que Aristóteles teria se suicidado tomando cicuta, exatamente o que Sócrates tivera que ingerir, um mês após sua condenação à morte.

Aristóteles foi casado uma segunda vez (Pítia encontrara a morte pouco depois do assassinato de seu protetor, o tirano Hérmias) com Hérpile, uma jovem, como ele, de Estagira, e que lhe deu uma filha e o filho Nicômaco.

O testamenteiro de Aristóteles foi Antipater, e reproduzimos aqui seu testamento conforme Diógenes Laércio, que declara em sua obra *Vida, Doutrina e Sentenças dos Filósofos Ilustres* "(...) haver tido a sorte de lê-lo (...)":

Tudo sucederá para o melhor, mas na ocorrência de alguma fatalidade, são registradas aqui as seguintes disposições de vontade de Aristóteles. Antipater será para todos os efeitos meu testamenteiro. Até a maioridade de Nicanor, desejo que Aristomeno, Timarco, Hiparco, Dióteles e Teofrasto (se aceitar e estiver capacitado para esta responsabilidade) sejam os tutores e curadores de meus filhos, de Hérpile e de todos os meus bens. Uma vez alcance minha filha a idade necessária, que seja concedida como esposa a Nicanor. Se algum mal abater-se sobre ela – prazam os deuses que não – antes ou depois de seu casamento, antes de ter filhos, caberá a Nicanor deliberar sobre meu filho e sobre meus bens, conforme a ele pareça digno de si e de mim. Nicanor assumirá o cuidado de minha filha e de meu filho Nicômaco, zelando para que nada lhes falte, sendo para eles tal como um pai e um irmão. Caso venha a suceder algo antes a Nicanor – que seja afastado para distante o agouro – antes ou depois de ter casado com minha filha, antes de ter filhos, todas as suas deliberações serão executórias, e se, inclusive, for o desejo de Teofrasto viver com minha filha, que tudo seja como parecer melhor a Nicanor. Em caso contrário, os tutores decidirão com Antipater a respeito de minha filha e de meu filho, segundo o que lhes afigure mais apropriado. Deverão ainda os tutores e Nicanor considerar minhas relações com Hérpile (pois foi-me ela leal) e dela cuidar em todos os aspectos. Caso ela deseje um esposo, cuidarão para que seja concedida a um homem que não seja indigno de mim.

A ela deverão entregar, além daquilo que já lhe dei, um talento de prata retirado de minha herança, três escravas (se as quiser), a pequena escrava que já possuía e o pequeno Pirraio; e se desejar viver em Cálcis, a ela será dada a casa existente no jardim; se Estagira for de sua preferência, a ela caberá a casa de meus pais. De qualquer maneira, os tutores mobiliarão a casa do modo que lhes parecer mais próprio e satisfatório a Hérpile. A Nicanor também caberá a tarefa de fazer retornar digna-

mente à casa de seus pais o meu benjamim Myrmex, acompanhado de todos os dons que dele recebi. Que Ambracis seja libertada, dando-se-lhe por ocasião do casamento de minha filha quinhentas dracmas, bem como a menina que ela mantém como serva. A Tales dar-se-á, somando-se à menina que adquiriu, mil dracmas e uma pequena escrava. Para Simão, além do dinheiro que já lhe foi entregue para a compra de um escravo, deverá ser comprado um outro ou dar-lhe dinheiro. Tácon será libertado no dia da celebração do casamento de minha filha, e juntamente com ele Fílon, Olímpio e seu filho. Proíbo que quaisquer dos escravos que estavam a meu serviço sejam vendidos, mas que sejam empregados; serão conservados até atingirem idade suficiente para serem libertados como mostra de recompensa por seu merecimento. Cuidar-se-ão também das estátuas que encomendei a Grilion. Uma vez prontas, serão consagradas. Essas estátuas são aquelas de Nicanor, de Proxeno, que era desígnio fazer, e a da mãe de Nicanor. A de Arimnesto, cuja confecção já findou, será consagrada para o não desaparecimento de sua memória, visto que morreu sem filhos. A imagem de minha mãe será instalada no templo de Deméter, em Nemeia (sendo a esta deusa dedicada), ou em outro lugar que for preferido. De uma maneira ou de outra, as ossadas de Pítia, como era seu desejo, deverão ser depositadas no local em que meu túmulo for erigido. Enfim, Nicanor, se preservado entre vós (conforme o voto que realizei em seu nome), consagrará as estátuas de pedra de quatro côvados de altura a Zeus salvador e à Atena salvadora em Estagira.

ARISTÓTELES:
SUA OBRA

A OBRA DE ARISTÓTELES FOI TÃO VASTA e diversificada que nos permite traçar uma pequena história a seu respeito.

Mas antes disso devemos mencionar algumas dificuldades ligadas à bibliografia do Estagirita, algumas partilhadas por ele com outras figuras célebres da Antiguidade e outras que lhe são peculiares.

A primeira barreira que nos separa do Aristóteles *integral*, por assim dizer, é o fato de muitos de seus escritos não terem chegado a nós ou – para nos situarmos no tempo – à aurora da Era Cristã e à Idade Média.

A quase totalidade dos trabalhos de outros autores antigos, como é notório, teve o mesmo destino, particularmente as obras dos filósofos pré-socráticos. A preservação de manuscritos geralmente únicos ao longo de séculos constituía uma dificuldade espinhosa por razões bastante compreensíveis e óbvias.

No que toca a Aristóteles, há obras que foram perdidas na sua íntegra; outras chegaram a nós parciais ou muito incompletas; de outras restaram apenas fragmentos; outras, ainda, embora estruturalmente íntegras, apresentam lacunas facilmente perceptíveis ou mutilações.

Seguramente, entre esses escritos perdidos, existem muitos cujos assuntos tratados nem sequer conhecemos. De outros, estamos cientes dos temas. Vários parecem definitivamente perdidos; a *Constituição de Atenas* foi descoberta no fim do século XIX; outros são atualmente objeto de busca.

Além do esforço despendido em tal busca, há um empenho no sentido de reconstituir certas obras com base nos fragmentos.

É quase certo que boa parte da perda irreparável da obra aristotélica tenha sido causada pelo incêndio da Biblioteca de Alexandria, em que foram consumidos tratados não só de pensadores da época de Aristóteles (presumivelmente de Epicuro, dos estoicos, dos céticos etc.), como também de pré-socráticos e de filósofos gregos dos séculos III e II a.C., como dos astrônomos Eratóstenes e Hiparco, que atuavam brilhante e devotadamente na própria Biblioteca. Mais tarde, no fim do século IV d.C., uma multidão de cristãos fanáticos invadiu e depredou a Biblioteca, ocorrendo mais uma vez a destruição de centenas de manuscritos. O coroamento da fúria dos ignorantes na sua intolerância religiosa contra o imenso saber helênico (paganismo) ocorreu em 415 d.C., quando a filósofa (astrônoma) Hipácia, destacada docente da Biblioteca, foi perseguida e lapidada por um grupo de cristãos, que depois arrastaram seu corpo mutilado pelas ruas de Alexandria.

Uma das obras consumidas no incêndio supracitado foi o estudo que Aristóteles empreendeu sobre, no mínimo, 125 governos gregos.

Juntam-se, tristemente, a esse monumental trabalho irremediavelmente perdido: uma tradução especial do poeta Homero que Aristóteles teria executado para seu pupilo Alexandre; um estudo sobre belicismo e direitos territoriais; um outro sobre as línguas dos povos bárbaros; e quase todas as obras *exotéricas* (poemas, epístolas, diálogos etc.).

Entre os achados tardios, deve-se mencionar a *Constituição de Atenas*, descoberta só muito recentemente, em 1880.

Quanto aos escritos incompletos, o exemplo mais conspícuo é a *Poética*, em cujo texto, de todas as artes poéticas que nosso filósofo se propõe a examinar, as únicas presentes são a tragédia e a poesia épica.

Outra dificuldade que afeta a obra de Aristóteles, esta inerente ao próprio filósofo, é a diferença de caráter e teor de seus escritos, os quais são classificados em *exotéricos* e *acroamáticos* (ou *esotéricos*), aos quais já nos referimos, mas que requerem aqui maior atenção.

Os exotéricos eram os escritos (geralmente sob forma de epístolas, diálogos e transcrições das palestras de Aristóteles com seus discípulos e principalmente das aulas públicas de retórica e dialética) cujo teor não era tão profundo, sendo acessíveis ao público em geral e versando sobretudo sobre retórica e dialética. Os acroamáticos ou esotéricos eram precisamente os escritos de conteúdo mais aprofundado, minucioso e complexo (mais propriamente filosóficos, versando sobre física, metafísica, ética, política etc.), e que, durante o período no qual predominou em Atenas uma disposição marcantemente antimacedônica, circulavam exclusivamente nas mãos dos discípulos e amigos do Estagirita.

Até meados do século I a.C., as obras conhecidas de Aristóteles eram somente as exotéricas. As acroamáticas ou esotéricas permaneceram pelo arco das existências do filósofo, de seus amigos e discípulos sob o rigoroso controle destes, destinadas apenas à leitura e estudo deles mesmos. Com a morte dos integrantes desse círculo aristotélico fechado, as obras acroamáticas (por certo o melhor do Estagirita) ficaram mofando em uma adega na casa de Corisco por quase trezentos anos.

O resultado inevitável disso, como se pode facilmente deduzir, é que por todo esse tempo julgou-se que o pensamento filosófico de Aristóteles era apenas o que estava contido nos escritos exotéricos, que não só foram redigidos no estilo de Platão (epístolas e diálogos), como primam por questionamentos tipicamente platônicos, além de muitos deles não passarem, a rigor, de textos rudimentares ou meros esboços, falhos tanto do ponto de vista formal e redacional quanto carentes de critério expositivo, dificilmente podendo ser considerados rigorosamente como *tratados* filosóficos.

Foi somente por volta do ano 50 a.C. que descobriram que na adega de Corisco não havia *unicamente* vinho.

Os escritos acroamáticos foram, então, transferidos para Atenas e, com a invasão dos romanos, nada apáticos em relação à cultura grega, enviados a Roma.

Nessa oportunidade, Andrônico de Rodes juntou os escritos acroamáticos aos exotéricos, e o mundo ocidental se deu conta do verdadeiro filão do pensamento aristotélico, reconhecendo sua originalidade e envergadura. O Estagirita, até então tido como um simples discípulo de Platão, assumiu sua merecida importância como grande pensador capaz de ombrear-se com o próprio mestre.

Andrônico de Rodes conferiu ao conjunto da obra aristotélica a organização que acatamos basicamente até hoje. Os escritos exotéricos, entretanto, agora ofuscados pelos acroamáticos, foram preteridos por estes, descurados e acabaram desaparecendo quase na sua totalidade.

A terceira dificuldade que nos furta o acesso à integridade da obra aristotélica é a existência dos *apócrifos* e dos *suspeitos*.

O próprio volume imenso da obra do Estagirita acena para a possibilidade da presença de colaboradores entre os seus discípulos mais chegados, especialmente Teofrasto. Há obras de estilo e terminologia perceptivelmente diferentes dos correntemente empregados por Aristóteles, entre elas a famosa *Problemas* (que trata dos temas mais diversos, inclusive a magia), a *Economia* (síntese da primeira parte da *Política*) e *Do Espírito*, sobre fisiologia e psicologia, e que não deve ser confundida com *Da Alma*, certamente de autoria exclusiva de Aristóteles.

O maior problema, contudo, ao qual foi submetida a obra aristotélica, encontra sua causa no tortuoso percurso linguístico e cultural de que ela foi objeto até atingir a Europa cristã.

Apesar do enorme interesse despertado pela descoberta dos textos acroamáticos ou esotéricos em meados do último século antes de Cristo, o mundo culto ocidental (então, a Europa) não demoraria a ser tomado pela fé cristã e a seguir pela cristianização oficial estabelecida pela Igreja, mesmo ainda sob o Império romano.

A cristianização do Império romano permitiu aos poderosos Padres da Igreja incluir a filosofia grega no contexto da manifestação pagã, convertendo o seu cultivo em prática herética. A filosofia aristotélica foi condenada e seu estudo posto na ilegalidade. Entretanto, com a divisão do Império romano em 385 d.C., o *corpus aristotelicum* composto por Andrônico de Rodes foi levado de Roma para Alexandria.

Foi no Império romano do Oriente (Império bizantino) que a obra de Aristóteles voltou a ser regularmente lida, apreciada e finalmente *traduzida*... para o árabe (língua semita que, como sabemos, não entretém qualquer afinidade com o grego) a partir do século X.

Portanto, o *primeiro* Aristóteles *traduzido* foi o dos grandes filósofos árabes, particularmente Avicena (*Ibn Sina*, morto em 1036) e Averróis (*Ibn Roschd*, falecido em 1198), ambos exegetas de Aristóteles, sendo o último considerado o mais importante dos *peripatéticos árabes* da Espanha, e *não* o da latinidade representada fundamentalmente por Santo Tomás de Aquino.

Mas, voltando no tempo, ainda no século III, os Padres da Igreja (homens de ferro, como Tertuliano, decididos a consolidar institucionalmente o cristianismo oficial a qualquer custo) concluíram que a filosofia helênica, em lugar de ser combatida, poderia revelar-se um poderoso instrumento para a legitimação e fortalecimento intelectual da doutrina cristã. Porém, de que filosofia grega dispunham em primeira mão? Somente do neoplatonismo e do estoicismo, doutrinas filosóficas gregas que, de fato, se mostravam conciliáveis com o cristianismo, especialmente o segundo, que experimentara uma séria continuidade romana graças a figuras como Sêneca, Epíteto e o imperador Marco Aurélio Antonino.

Sob os protestos dos representantes do neoplatonismo (Porfírio, Jâmblico, Proclo etc.), ocorreu uma apropriação do pensamento grego por parte da Igreja, situação delicadíssima para os últimos filósofos gregos, que, se por um lado podiam perder suas cabeças por sustentar a distinção e/ou oposição do pensamento grego ao cristianismo, por outro tinham de admitir o fato de muitos de seus próprios discípulos estarem se convertendo a ele, inclusive através de uma tentativa de compatibilizá-lo não só com Platão, como também com Aristóteles, de modo a torná-los "aceitáveis" para a Igreja.

Assim, aquilo que ousaremos chamar de *apropriação do pensamento filosófico grego* foi encetado inicialmente pelos próprios discípulos dos neoplatônicos, e se consubstanciou na conciliação do cristianismo (mais exatamente a teologia cristã que principiava a ser construída e estruturada naquela época) primeiramente com o platonismo, via neoplatonismo, e depois com o aristotelismo, não tendo sido disso pioneiros nem os grandes vultos da patrística (São Justino, Clemente de Alexandria, Orígenes e mesmo Santo Agostinho) relativamente a Platão, nem aqueles da escolástica (John Scot Erigene e Santo Tomás de Aquino) relativamente a Aristóteles.

A primeira consequência desse "remanejamento" filosófico foi nivelar Platão com Aristóteles. Afinal, não se tratava de estudar a fundo e exaustivamente os grandes sistemas filosóficos gregos – os pragmáticos Padres da Igreja viam o vigoroso pensamento helênico meramente como um precioso veículo a atender seu objetivo, ou seja, propiciar fundamento e conteúdo filosóficos à incipiente teologia cristã.

Os discípulos cristãos dos neoplatônicos não tiveram, todavia, acesso aos manuscritos originais do *corpus aristotelicum*.

Foi através da conquista militar da península ibérica e da região do Mar Mediterrâneo pelas tropas cristãs, inclusive durante as Cruzadas, que os cristãos voltaram a ter contato com as obras do Estagirita, precisamente por intermédio dos *infiéis*, ou seja, tiveram acesso às *traduções e paráfrases* árabes (e mesmo hebraicas) a que nos referimos anteriormente.

A partir do século XII começaram a surgir as primeiras traduções latinas (latim erudito) da obra de Aristóteles. Conclusão: o Aristóteles linguística e culturalmente original, durante séculos, jamais frequentou a Europa medieval.

Tanto Andrônico de Rodes, no século I a.C., ao estabelecer o *corpus aristotelicum*, quanto o neoplatônico Porfírio no século III ressaltaram nesse *corpus* o Ὄργανον (*Órganon* – série de tratados dedicados à lógica, ou melhor, à *Analítica*, no dizer de Aristóteles) e sustentaram a ampla divergência doutrinária entre os pensamentos de Platão e de Aristóteles. Os discípulos cristãos dos neoplatônicos, a partir da alvorada do século III, deram realce à lógica, à física e à retórica, e levaram a cabo a proeza certamente falaciosa de conciliar os dois maiores filósofos da Grécia. Quanto aos estoicos romanos, também prestigiaram a lógica aristotélica, mas deram destaque à ética, não nivelando Aristóteles com Platão, mas os aproximando.

O fato é que a Igreja obteve pleno êxito no seu intento, graças à inteligência e à sensibilidade agudas de homens como o bispo de Hipona, Aurélio Agostinho (Santo Agostinho – 354-430 d.C.) e o dominicano oriundo de Nápoles, Tomás de Aquino (Santo Tomás – 1224-1274), que se revelaram vigorosos e fecundos teólogos, superando o papel menor de meros intérpretes e *aproveitadores* das originalíssimas concepções gregas.

Quanto a Aristóteles, a Igreja foi muito mais além e transformou *il filosofo* (como Aquino o chamava) na suma e única autoridade do conhecimento, com o que, mais uma vez, utilizava o pensamento grego para alicerçar os dogmas da cristandade e, principalmente, respaldar e legitimar sua intensa atividade política oficial e extraoficial, caracterizada pelo autoritarismo e pela centralização do poder em toda a Europa.

Se, por um lado, o Estagirita sentir-se-ia certamente lisonjeado com tal posição, por outro, quem conhece seu pensamento sabe que também certamente questionaria o próprio *conceito* de autoridade exclusiva do conhecimento.

Com base na clássica ordenação do *corpus aristotelicum* de Andrônico de Rodes, pode-se classificar os escritos do Estagirita da maneira que se segue (note-se que esta relação não corresponde exatamente ao extenso elenco elaborado por Diógenes Laércio posteriormente no século III d.C. e que nela não se cogita a questão dos apócrifos e suspeitos).

1. Escritos sob a influência de Platão, mas já detendo caráter crítico em relação ao pensamento platônico:(*)
— *Poemas*;(*)
— *Eudemo* (diálogo cujo tema é a alma, abordando a imortalidade, a reminiscência e a imaterialidade);
— *Protrépticos*(*) (epístola na qual Aristóteles se ocupa de metafísica, ética, política e psicologia);
— *Da Monarquia*;(*)
— *Da Colonização*;(*)
— *Constituições*;(*)
— *Da Filosofia*(*) (diálogo constituído de três partes: a *primeira*, histórica, encerra uma síntese do pensamento filosófico desenvolvido até então, inclusive o pensamento egípcio; a *segunda* contém uma crítica à teoria das Ideias de Platão; e a *terceira* apresenta uma exposição das primeiras concepções aristotélicas, onde se destaca a concepção do *Primeiro Motor Imóvel*);
— *Metafísica*(*) (esboço e porção da futura Metafísica completa e definitiva);
— *Ética a Eudemo* (escrito parcialmente exotérico que, exceto pelos Livros IV, V e VI, será substituído pelo texto acroamático definitivo *Ética a Nicômaco*);
— *Política*(*) (esboço da futura *Política*, no qual já estão presentes a crítica à República de Platão e a teoria das três formas de governo originais e puras e as três derivadas e degeneradas);
— *Física*(*) (esboço e porção – Livros I e II – da futura *Física*; já constam aqui os conceitos de matéria, forma, potência, ato e a doutrina do movimento);
— *Do Céu* (nesta obra Aristóteles faz a crítica ao *Timeu* de Platão e estabelece os princípios de sua cosmologia com a doutrina dos cinco elementos e a doutrina da eternidade do mundo e sua finitude espacial; trata ainda do tema da geração e corrupção).

(*). Os asteriscos indicam os escritos perdidos após o primeiro século da Era Cristã e quase todos exotéricos; das 125 (ou 158) *Constituições*, a de Atenas (inteiramente desconhecida de Andrônico de Rodes) foi descoberta somente em 1880.

2. Escritos da maturidade (principalmente desenvolvidos e redigidos no período do Liceu – 335 a 323 a.C.):

— A *Analítica* ou *Órganon*, como a chamaram os bizantinos por ser o Ὄργανον (instrumento, veículo, ferramenta e propedêutica) das ciências (trata da lógica – regras do pensamento correto e científico, sendo composto por seis tratados, a saber: Categorias, Da Interpretação, Analíticos Anteriores, Analíticos Posteriores, Tópicos e Refutações Sofísticas);

— *Física* (não contém um único tema, mas vários, entrelaçando e somando oito Livros de física, quatro de cosmologia [intitulados *Do Céu*], dois que tratam especificamente da geração e corrupção, quatro de meteorologia [intitulados *Dos Fenômenos ou Corpos Celestes*], Livros de zoologia [intitulados *Da Investigação sobre os Animais*, *Da Geração dos Animais*, *Da Marcha dos Animais*, *Do Movimento dos Animais*, *Das Partes dos Animais*] e três Livros de psicologia [intitulados *Da Alma*]);

— *Metafísica* (termo cunhado por Andrônico de Rodes por mero motivo organizatório, ou seja, ao examinar todo o conjunto da obra aristotélica, no século I a.C., notou que esse tratado se apresentava *depois* μετά [*metá*] do tratado da *Física*) (é a obra em que Aristóteles se devota à filosofia primeira ou filosofia teológica, quer dizer, à ciência que investiga as causas primeiras e universais do ser, *o ser enquanto ser*; o tratado é composto de quatorze Livros);

— *Ética a Nicômaco* (em dez Livros, trata dos principais aspectos da ciência da ação individual, a ética, tais como o bem, as virtudes, os vícios, as paixões, os desejos, a amizade, o prazer, a dor, a felicidade etc.);

— *Política* (em oito Livros, trata dos vários aspectos da ciência da ação do indivíduo como animal social (*político*): a família e a economia, as doutrinas políticas, os conceitos políticos, o caráter dos Estados e dos cidadãos, as formas de governo, as transformações e revoluções nos Estados, a educação do cidadão etc.);

— *Retórica*[*] (em três Livros);

— *Poética* (em um Livro, mas incompleta).

(*). Escrito exotérico, mas não perdido.

A relação que transcrevemos a seguir, de Diógenes Laércio (século III), é muito maior, e esse biógrafo, como o organizador do *corpus aristotelicum*, não se atém à questão dos escritos perdidos, recuperados, adulterados, mutilados, e muito menos ao problema dos apócrifos e suspeitos, que só vieram efetivamente à tona a partir do helenismo moderno. O critério classificatório de Diógenes é, também, um tanto diverso daquele de Andrônico, e ele faz o célebre introito elogioso a Aristóteles, a saber:

"Ele escreveu um vasto número de livros que julguei apropriado elencar, dada a excelência desse homem em todos os campos de investigação:

— *Da Justiça*, quatro Livros;

— *Dos Poetas*, três Livros;

— *Da Filosofia*, três Livros;

— *Do Político*, dois Livros;

— *Da Retórica* ou *Grylos*, um Livro;

— *Nerinto*, um Livro;

— *Sofista*, um Livro;

— *Menexeno*, um Livro;

— *Erótico*, um Livro;

— *Banquete*, um Livro;

— *Da Riqueza*, um Livro;

— *Protréptico*, um Livro;

— *Da Alma*, um Livro;

— *Da Prece*, um Livro;

— *Do Bom Nascimento*, um Livro;

— *Do Prazer*, um Livro;

— *Alexandre*, ou *Da Colonização*, um Livro;

— *Da Realeza*, um Livro;

— *Da Educação*, um Livro;

— *Do Bem*, três Livros;

— *Excertos de As Leis de Platão*, três Livros;

— *Excertos da República de Platão*, dois Livros;

— *Economia*, um Livro;

— *Da Amizade*, um Livro;
— *Do ser afetado ou ter sido afetado*, um Livro;
— *Das Ciências*, dois Livros;
— *Da Erística*, dois Livros;
— *Soluções Erísticas*, quatro Livros;
— *Cisões Sofísticas*, quatro Livros;
— *Dos Contrários*, um Livro;
— *Dos Gêneros e Espécies*, um Livro;
— *Das Propriedades*, um Livro;
— *Notas sobre os Argumentos*, três Livros;
— *Proposições sobre a Excelência*, três Livros;
— *Objeções*, um Livro;
— *Das coisas faladas de várias formas ou por acréscimo*, um Livro;
— *Dos Sentimentos* ou *Do Ódio*, um Livro;
— *Ética*, cinco Livros;
— *Dos Elementos*, três Livros;
— *Do Conhecimento*, um Livro;
— *Dos Princípios*, um Livro;
— *Divisões*, dezesseis Livros;
— *Divisão*, um Livro;
— *Da Questão e Resposta*, dois Livros;
— *Do Movimento*, dois Livros;
— *Proposições Erísticas*, quatro Livros;
— *Deduções*, um Livro;
— *Analíticos Anteriores*, nove Livros;
— *Analíticos Posteriores*, dois Livros;
— *Problemas*, um Livro;
— *Metódica*, oito Livros;
— *Do mais excelente*, um Livro;
— *Da Ideia*, um Livro;
— *Definições Anteriores aos Tópicos*, um Livro;
— *Tópicos*, sete Livros;

— *Deduções*, dois Livros;
— *Deduções e Definições*, um Livro;
— *Do Desejável e Dos Acidentes*, um Livro;
— *Pré-tópicos*, um Livro;
— *Tópicos voltados para Definições*, dois Livros;
— *Sensações*, um Livro;
— *Matemáticas*, um Livro;
— *Definições*, treze Livros;
— *Argumentos*, dois Livros;
— *Do Prazer*, um Livro;
— *Proposições*, um Livro;
— *Do Voluntário*, um Livro;
— *Do Nobre*, um Livro;
— *Teses Argumentativas*, vinte e cinco Livros;
— *Teses sobre o Amor*, quatro Livros;
— *Teses sobre a Amizade*, dois Livros;
— *Teses sobre a Alma*, um Livro;
— *Política*, dois Livros;
— *Palestras sobre Política* (como as de Teofrasto), oito Livros;
— *Dos Atos Justos*, dois Livros;
— *Coleção de Artes*, dois Livros
— *Arte da Retórica*, dois Livros;
— *Arte*, um Livro;
— *Arte* (uma outra obra), dois Livros;
— *Metódica*, um Livro;
— *Coleção da Arte de Teodectes*, um Livro;
— *Tratado sobre a Arte da Poesia*, dois Livros;
— *Entimemas Retóricos*, um Livro;
— *Da Magnitude*, um Livro;
— *Divisões de Entimemas*, um Livro;
— *Da Dicção*, dois Livros;
— *Dos Conselhos*, um Livro;

— *Coleção*, dois Livros;
— *Da Natureza*, três Livros;
— *Natureza*, um Livro;
— *Da Filosofia de Árquitas*, três Livros;
— *Da Filosofia de Espeusipo e Xenócrates*, um Livro;
— *Excertos do Timeu e dos Trabalhos de Árquitas*, um Livro;
— *Contra Melisso*, um Livro;
— *Contra Alcmeon*, um Livro;
— *Contra os Pitagóricos*, um Livro;
— *Contra Górgias*, um Livro;
— *Contra Xenófanes*, um Livro;
— *Contra Zenão*, um Livro;
— *Dos Pitagóricos*, um Livro;
— *Dos Animais*, nove Livros;
— *Dissecações*, oito Livros;
— *Seleção de Dissecações*, um Livro;
— *Dos Animais Complexos*, um Livro;
— *Dos Animais Mitológicos*, um Livro;
— *Da Esterilidade*, um Livro;
— *Das Plantas*, dois Livros
— *Fisiognomonia*, um Livro;
— *Medicina*, dois Livros;
— *Das Unidades*, um Livro;
— *Sinais de Tempestade*, um Livro;
— *Astronomia*, um Livro;
— *Ótica*, um Livro;
— *Do Movimento*, um Livro;
— *Da Música*, um Livro;
— *Memória*, um Livro;
— *Problemas Homéricos*, seis Livros;
— *Poética*, um Livro;
— *Física* (por ordem alfabética), trinta e oito Livros;

— *Problemas Adicionais*, dois Livros;
— *Problemas Padrões*, dois Livros;
— *Mecânica*, um Livro;
— *Problemas de Demócrito*, dois Livros;
— *Do Magneto*, um Livro;
— *Conjunções dos Astros*, um Livro;
— *Miscelânea*, doze Livros;
— *Explicações* (ordenadas por assunto), catorze Livros;
— *Afirmações*, um Livro;
— *Vencedores Olímpicos*, um Livro;
— *Vencedores Pítios na Música*, um Livro;
— *Sobre Píton*, um Livro;
— *Listas dos Vencedores Pítios*, um Livro;
— *Vitórias em Dionísia*, um Livro;
— *Das Tragédias*, um Livro;
— *Didascálias*, um Livro;
— *Provérbios*, um Livro;
— *Regras para os Repastos em Comum*, um Livro;
— *Leis*, quatro Livros;
— *Categorias*, um Livro;
— *Da Interpretação*, um Livro;
— *Constituições de 158 Estados* (ordenadas por tipo: democráticas, oligárquicas, tirânicas, aristocráticas);
— *Cartas a Filipe*;
— *Cartas sobre os Selimbrianos*;
— *Cartas a Alexandre* (4), *a Antipater* (9), *a Mentor* (1), *a Aríston* (1), *a Olímpias* (1), *a Hefaístion* (1), *a Temistágoras* (1), *a Filoxeno* (1), *a Demócrito* (1);
— *Poemas*;
— *Elegias*.

Curiosamente, esse elenco gigantesco não é, decerto, exaustivo, pois, no mínimo, duas outras fontes da investigação bibliográfica de Aristóteles apontam títulos adicionais, inclusive alguns dos mais importantes da

lavra do Estagirita, como a *Metafísica* e a *Ética a Nicômaco*. Uma delas é a *Vita Menagiana*, cuja conclusão da análise acresce ao elenco anterior:
— *Peplos*;
— *Problemas Hesiódicos*, um Livro;
— *Metafísica*, dez Livros;
— *Ciclo dos Poetas*, três Livros;
— *Contestações Sofísticas ou Da Erística*;
— *Problemas dos Repastos Comuns*, três Livros;
— *Da Bênção, ou por que Homero inventou o gado do sol?*;
— *Problemas de Arquíloco, Eurípides, Quoirilos*, três Livros;
— *Problemas Poéticos*, um Livro;
— *Explicações Poéticas*;
— *Palestras sobre Física*, dezesseis Livros;
— *Da Geração e Corrupção*, dois Livros;
— *Meteorológica*, quatro Livros;
— *Da Alma*, três Livros;
— *Investigação sobre os Animais*, dez Livros;
— *Movimento dos Animais*, três Livros;
— *Partes dos Animais*, três Livros;
— *Geração dos Animais*, três Livros;
— *Da Elevação do Nilo*;
— *Da Substância nas Matemáticas*;
— *Da Reputação*;
— *Da Voz*;
— *Da Vida em Comum de Marido e Mulher*;
— *Leis para o Esposo e a Esposa*;
— *Do Tempo*;
— *Da Visão*, dois Livros;
— *Ética a Nicômaco*;
— *A Arte da Eulogia*;
— *Das Coisas Maravilhosas Ouvidas*;
— *Da Diferença*;
— *Da Natureza Humana*;

— *Da Geração do Mundo*;
— *Costumes dos Romanos*;
— *Coleção de Costumes Estrangeiros*.

A *Vida de Ptolomeu*, por sua vez, junta os títulos a seguir:
— *Das Linhas Indivisíveis*, três Livros;
— *Do Espírito*, três Livros;
— *Da Hibernação*, um Livro;
— *Magna Moralia*, dois Livros;
— *Dos Céus e do Universo*, quatro Livros;
— *Dos Sentidos e Sensibilidade*, um Livro;
— *Da Memória e Sono*, um Livro;
— *Da Longevidade e Efemeridade da Vida*, um Livro;
— *Problemas da Matéria*, um Livro;
— *Divisões Platônicas*, seis Livros;
— *Divisões de Hipóteses*, seis Livros;
— *Preceitos*, quatro Livros;
— *Do Regime*, um Livro;
— *Da Agricultura*, quinze Livros;
— *Da Umidade*, um Livro;
— *Da Secura*, um Livro;
— *Dos Parentes*, um Livro.

A contemplar essa imensa produção intelectual (a maior parte da qual irreversivelmente desaparecida ou destruída), impossível encarar a questão central dos apócrifos e dos suspeitos como polêmica. Trata-se, apenas, de um fato cultural em que possam se debruçar especialistas e eruditos. Nem se o gênio de Estagira dispusesse dos atuais recursos de preparação e produção editoriais (digitação eletrônica, impressão a *laser*, *scanners* etc.) e não meramente de redatores e copiadores de manuscritos, poderia produzir isolada e individualmente uma obra dessa extensão e magnitude, além do que, que se frise, nos muitos apócrifos indiscutíveis, o pensamento filosófico ali contido *persiste* sendo do intelecto brilhante de um só homem: Aristóteles; ou seja, se a forma e a redação não são de Aristóteles, o conteúdo certamente é.

A relação final a ser apresentada é do que dispomos hoje de Aristóteles, considerando-se as melhores edições das obras completas do Estagirita, baseadas nos mais recentes estudos e pesquisas dos maiores helenistas dos séculos XIX e XX. À exceçao da *Constituição de Atenas*, descoberta em 1880 e dos *Fragmentos*, garimpados e editados em inglês por W. D. Ross em 1954, essa relação corresponde *verbatim* àquela da edição de Immanuel Bekker (que permanece padrão e referencial), surgida em Berlim em 1831. É de se enfatizar que este elenco, graças ao empenho de Bekker (certamente o maior erudito aristotelista de todos os tempos) encerra também uma ordem provável, ou ao menos presumível, do desenvolvimento da reflexão peripatética ou, pelos menos, da redação das obras (insinuando uma certa continuidade), o que sugere um excelente guia e critério de estudo para aqueles que desejam ler e se aprofundar na totalidade da obra aristotélica, mesmo porque a interconexão e progressão das disciplinas filosóficas (exemplo: *economia – ética – política*) constituem parte indubitável da técnica expositiva de Aristóteles. Disso ficam fora, obviamente, a *Constituição de Atenas* e os *Fragmentos*. Observe-se, contudo, que a ordem abaixo não corresponde exatamente à ordem numérica progressiva do conjunto das obras.

Eis a relação:

— *Categorias* (ΚΑΤΗΓΟΡΙΑΙ);

— *Da Interpretação* (ΠΕΡΙ ΕΡΜΗΝΕΙΑΣ);

— *Analíticos Anteriores* (ΑΝΑΛΥΤΙΚΩΝ ΠΡΟΤΕΡΩΝ);

— *Analíticos Posteriores* (ΑΝΑΛΥΤΙΚΩΝ ΥΣΤΕΡΩΝ);

— *Tópicos* (ΤΟΠΙΚΑ);

— *Refutações Sofísticas* (ΠΕΡΙ ΣΟΦΙΣΤΙΚΩΝ ΕΛΕΓΧΩΝ);

  Obs.: o conjunto desses seis primeiros tratados é conhecido como *Órganon* (ΟΡΓΑΝΟΝ).

— *Da Geração e Corrupção* (ΠΕΡΙ ΓΕΝΕΣΕΩΣ ΚΑΙ ΦΘΟΡΑΣ);

— *Do Universo* (ΠΕΡΙ ΚΟΣΜΟΥ);[*]

— *Física* (ΦΥΣΙΚΗ);

— *Do Céu* (ΠΕΡΙ ΟΥΡΑΝΟΥ);

— *Meteorologia* (ΜΕΤΕΩΡΟΛΟΓΙΚΩΝ);

(*). Suspeito.

— *Da Alma* (ΠΕΡΙ ΨΥΧΗΣ);
— *Do Sentido e dos Sensíveis* (ΠΕΡΙ ΑΙΣΘΗΣΕΩΣ ΚΑΙ ΑΙΣΘΗΤΩΝ);
— *Da Memória e da Revocação* (ΠΕΡΙ ΜΝΗΜΗΣ ΚΑΙ ΑΝΑΜΝΗΣΕΩΣ);
— *Do Sono e da Vigília* (ΠΕΡΙ ΥΠΝΟΥ ΚΑΙ ΕΓΡΗΓΟΡΣΕΩΣ);
— *Dos Sonhos* (ΠΕΡΙ ΕΝΥΠΝΙΩΝ);
— *Da Divinação no Sono* (ΠΕΡΙ ΤΗΣ ΚΑΘ´ΥΠΝΟΝ ΜΑΝΤΙΚΗΣ);
— *Da Longevidade e da Efemeridade da Vida* (ΠΕΡΙ ΜΑΚΡΟΒΙΟΤΗΤΟΣ ΚΑΙ ΒΡΑΧΥΒΙΟΤΗΤΟΣ);
— *Da Juventude e da Velhice. Da Vida e da Morte* (ΠΕΡΙ ΝΕΟΤΗΤΟΣ ΚΑΙ ΓΗΡΩΣ. ΠΕΡΙ ΖΩΗΣ ΚΑΙ ΘΑΝΑΤΟΥ);
— *Da Respiração* (ΠΕΡΙ ΑΝΑΠΝΟΗΣ);
  Obs.: o conjunto dos oito últimos pequenos tratados é conhecido pelo título latino *Parva Naturalia*.
— *Do Alento* (ΠΕΡΙ ΠΝΕΥΜΑΤΟΣ);[*]
— *Da Investigação sobre os Animais* (ΠΕΡΙ ΤΑ ΖΩΑ ΙΣΤΟΡΙΑΙ);
— *Das Partes dos Animais* (ΠΕΡΙ ΖΩΩΝ ΜΟΡΙΩΝ);
— *Do Movimento dos Animais* (ΠΕΡΙ ΖΩΩΝ ΚΙΝΗΣΕΩΣ);
— *Da Marcha dos Animais* (ΠΕΡΙ ΠΟΡΕΙΑΣ ΖΩΩΝ);
— *Da Geração dos Animais* (ΠΕΡΙ ΖΩΩΝ ΓΕΝΕΣΕΩΣ);
— *Das Cores* (ΠΕΡΙ ΧΡΩΜΑΤΩΝ);[*]
— *Das Coisas Ouvidas* (ΠΕΡΙ ΑΚΟΥΣΤΩΝ);[*]
— *Fisiognomonia* (ΦΥΣΙΟΓΝΩΜΟΝΙΚΑ);[*]
— *Das Plantas* (ΠΕΡΙ ΦΥΤΩΝ);[*]
— *Das Maravilhosas Coisas Ouvidas* (ΠΕΡΙ ΘΑΥΜΑΣΙΩΝ ΑΚΟΥΣΜΑΤΩΝ);[*]
— *Mecânica* (ΜΗΧΑΝΙΚΑ);[*]
— *Das Linhas Indivisíveis* (ΠΕΡΙ ΑΤΟΜΩΝ ΓΡΑΜΜΩΝ);[*]
— *Situações e Nomes dos Ventos* (ΑΝΕΜΩΝ ΘΕΣΕΙΣ ΚΑΙ ΠΡΟΣΗΓΟΡΙΑΙ);[*]

---

[*]. Suspeito.

— *Sobre Melisso, sobre Xenófanes e sobre Górgias* (ΠΕΡΙ ΜΕΛΙΣΣΟΥ, ΠΕΡΙ ΞΕΝΟΦΑΝΟΥΣ, ΠΕΡΙ ΓΟΡΓΙΟΥ);(*)
— *Problemas* (ΠΡΟΒΛΗΜΑΤΑ);(**)
— *Retórica a Alexandre* (ΡΗΤΟΡΙΚΗ ΠΡΟΣ ΑΛΕΞΑΝΔΡΟΝ);(*)
— *Metafísica* (ΤΑ ΜΕΤΑ ΤΑ ΦΥΣΙΚΑ);
— *Economia* (ΟΙΚΟΝΟΜΙΚΑ);(**)
— *Magna Moralia* (ΗΘΙΚΑ ΜΕΓΑΛΑ);(**)
— *Ética a Nicômaco* (ΗΘΙΚΑ ΝΙΚΟΜΑΧΕΙΑ);
— *Ética a Eudemo* (ΗΘΙΚΑ ΕΥΔΗΜΕΙΑ);
— *Das Virtudes e dos Vícios* (ΠΕΡΙ ΑΡΕΤΩΝ ΚΑΙ ΚΑΚΙΩΝ);(*)
— *Política* (ΠΟΛΙΤΙΚΑ);
— *Retórica* (ΤΕΧΝΗ ΡΗΤΟΡΙΚΗ);
— *Poética* (ΠΕΡΙ ΠΟΙΗΤΙΚΗΣ);
— *Constituição de Atenas* (ΑΘΗΝΑΙΩΝ ΠΟΛΙΤΕΙΑ);(***)
— Fragmentos.(****)

(*). Suspeito.
(**). Apócrifo.
(***). Ausente na edição de 1831 de Bekker e sem sua numeração, já que este tratado só foi descoberto em 1880.
(****). Ausente na edição de 1831 de Bekker e sem sua numeração, uma vez que foi editado em inglês somente em 1954 por W. D. Ross.

CRONOLOGIA

As datas (a.C.) aqui relacionadas são, em sua maioria, aproximadas, e os eventos indicados contemplam apenas os aspectos filosófico, político e militar.

481 – Criada a confederação das cidades-Estado gregas comandada por Esparta para combater o inimigo comum: os persas.

480 – Os gregos são fragorosamente derrotados pelos persas nas Termópilas (o último reduto de resistência chefiado por Leônidas de Esparta e seus *trezentos* é aniquilado); a acrópole é destruída; no mesmo ano, derrota dos persas em Salamina pela esquadra chefiada pelo ateniense Temístocles.

479 – Fim da guerra contra os persas, com a vitória dos gregos nas batalhas de Plateia e Micale.

478-477 – A Grécia é novamente ameaçada pelos persas; formação da *Liga Délia*, dessa vez comandada pelos atenienses.

469 – Nascimento de Sócrates em Atenas.

468 – Os gregos derrotam os persas no mar.

462 – Chegada de Anaxágoras de Clazomena a Atenas.

462-461 – Promoção do governo democrático em Atenas.

457 – Atenas conquista a Beócia.

456 – Conclusão da construção do templo de Zeus em Olímpia.

447 – O Partenon começa a ser construído.

444 – Protágoras de Abdera redige uma legislação para a nova colônia de Túrio.
431 – Irrompe a Guerra do Peloponeso entre Atenas e Esparta.
429 – Morte de Péricles.
427 – Nascimento de Platão em Atenas.
421 – Celebrada a paz entre Esparta e Atenas.
419 – Reinício das hostilidades entre Esparta e Atenas.
418 – Derrota dos atenienses na batalha de Mantineia.
413 – Nova derrota dos atenienses na batalha de Siracusa.
405 – Os atenienses são mais uma vez derrotados pelos espartanos na Trácia.
404 – Atenas se rende a Esparta.
399 – Morte de Sócrates.
385 – Fundação da Academia de Platão em Atenas.
384 – Nascimento de Aristóteles em Estagira.
382 – Esparta toma a cidadela de Tebas.
378 – Celebradas a paz e a aliança entre Esparta e Tebas.
367 – Chegada de Aristóteles a Atenas.
359 – Ascensão ao trono da Macedônia de Filipe II e começo de suas guerras de conquista e expansão.
347 – Morte de Platão.
343 – Aristóteles se transfere para a Macedônia a assume a educação de Alexandre.
338 – Filipe II derrota os atenienses e seus aliados na batalha de Queroneia, e a conquista da Grécia é concretizada.
336 – Morte de Filipe II e ascensão de Alexandre ao trono da Macedônia.
335 – Fundação do Liceu em Atenas.
334 – Alexandre derrota os persas na Batalha de Granico.
331 – Nova vitória de Alexandre contra os persas em Arbela.
330 – Os persas são duramente castigados por Alexandre em Persépolis, encerrando-se a expedição contra os mesmos.
323 – Morte de Alexandre.
322 – Transferência de Aristóteles para Cálcis, na Eubeia; morte de Aristóteles.

LIVRO I

1

402a1 · Sustentamos ser todo conhecimento algo nobre e valioso, porém um de seus tipos – seja por seu rigor, seja por sua maior dignidade e caráter mais admirável de seu objeto – pode superar um outro. Assim, em função de ambos esses motivos, somos levados
5 · a colocar a investigação da alma¹ em primeiro lugar. Seu conhecimento parece muito contribuir para aquele da verdade em geral e, sobretudo, para nosso entendimento da natureza, na medida em que a alma é, em certo sentido, o princípio da vida. O propósito de nossa investigação é examinar e discernir sua natureza e substância e, depois, suas propriedades, algumas das quais são tidas por estados passivos² da própria alma, ao passo que outras são consideradas vinculadas ao ser vivo devido à presença dela.

---

1. ...ψυχῆς... (*psykhês*): independentemente de outras acepções desta palavra, Aristóteles a emprega aqui no *Da Alma*, bem como nos tratados que dão continuidade a este (*Parva Naturalia*), com o sentido de princípio vital dos seres vivos. O substantivo *alma* (do latim *anima*) deve ser entendido, portanto, precisamente nesse sentido, em perfeita correspondência com os adjetivos *inanimado* (ἄψυχος [*ápsykhos*]), sem princípio vital, e *animado* (ἔμψυχος [*émpsykhos*]), com princípio vital, por extensão, vivo. Embora, a palavra *animal* possua a mesma raiz latina, preferimos traduzir geralmente ζῷον (*zôion*) por *ser vivo*, exatamente para evitar que se entenda *zôion* na acepção restrita de *animal* em contraposição a vegetal (planta). Ainda que dotada apenas de alma nutritiva, a planta (φυτόν [*phytón*]) também é um ser vivo. Quando é o sentido restrito o contemplado, traduzimos ζῷον (*zôion*) por animal.

2. ...πάθη... (*páthe*), afecções.

10 · De qualquer modo e em todo caso, a aquisição de qualquer certeza no que se refere a ela é muito difícil. De fato, esta investigação é comum a muitos outros campos, ou seja, refiro-me à investigação da substância e da essência. Seria de se supor que houvesse algum método único a ser aplicado a todos os casos nos quais se quer
15 · discernir a substância, tal como há a demonstração para as propriedades acidentais. Seria conveniente, portanto, que nos empenhássemos na busca desse método. Mas se, ao contrário, não há um método único e comum de investigação da essência, a tarefa torna-se ainda mais difícil. Será necessário determinar o procedimento investigativo apropriado a cada diferente objeto. E, se descobrirmos
20 · claramente qual é esse método, se demonstração, divisão ou algum outro, ainda restarão muitas dificuldades e desorientações para a determinação dos princípios da investigação, ou seja, para objetos diferentes de estudo são requeridos diferentes princípios, como ocorre com os números e as superfícies.

Primeiramente, é provavelmente necessário determinar em que gênero a alma se enquadra e o que ela é, quero dizer, se é uma coisa particular, ou seja, substância, ou uma qualidade, uma quantidade
25 · ou alguma outra das categorias que distinguimos[3]. Por outro lado, se está na classe dos seres em potência ou é, ao contrário, ato. Nossa resposta a esta questão não é de somenos importância.

402b1 · Cumpre também examinarmos se a alma é divisível em partes ou indivisível, e se todas as almas são homogêneas ou não, e, neste último caso, se diferem pela espécie ou pelo gênero. Até agora, aqueles que trataram da alma e a investigaram parecem ter se limi-
5 · tado à alma humana. Sejamos cautelosos, ademais, para não ignorar a questão de se há uma só explicação para a alma referente ao ser vivo, ou se há para cada tipo de alma uma explicação particular, por exemplo: a do cavalo, a do cão, a do ser humano, a do deus. Nesta última hipótese, o ser vivo tomado universalmente – e assim igualmente qualquer outro atributo comum – ou é nada ou é posterior.

---

3. Ver o tratado *Categorias*.

Uma outra questão é se não há multiplicidade de almas, mas apenas partes de uma só alma, o que nos cabe investigar primeiramente: a totalidade da alma ou suas partes. É também difícil determinar quais dessas partes distinguem-se naturalmente entre si e se o exame deve começar pelas partes ou suas funções: o pensar ou o intelecto, a sensação ou o sensível, e assim por diante. Mas se o exame das funções deve anteceder, surge uma outra questão: se nos caberia, antes mesmo do exame das funções, examinar os objetos dessas funções. Por exemplo, o sensível antes da sensação, o inteligível antes do intelecto.

Parece não bastar declarar que o conhecimento da essência apresenta utilidade para a investigação das causas das propriedades das substâncias, como nas matemáticas: a essência da reta e da curva, da linha e da superfície ser conhecida é útil para saber a quantos ângulos retos equivale a soma dos ângulos do triângulo. Forçoso acrescentar que, inversamente, o conhecimento das propriedades concorre largamente para o conhecimento da essência. Com efeito, quando nos capacitarmos a explicar as propriedades – todas ou a maioria delas – que se apresentam a nós, estaremos em melhores condições de tratar da própria substância. O ponto de partida de toda demonstração é, de fato, uma definição da essência, de modo que toda vez que as definições não permitirem o conhecimento das propriedades e nem sequer uma facilitação de uma conjectura a respeito delas, ficará claro que todas essas definições são dialéticas e destituídas de valor.

Os estados passivos da alma, de sua parte, apresentam-nos uma dificuldade: são todos estados passivos que envolvem em comum aquilo que contém a alma ou há algum entre eles que seja peculiar à alma? A determinação desse ponto é ao mesmo tempo indispensável e difícil. Se considerarmos a maioria deles, parece não haver nenhum caso em que a alma sofra uma ação ou aja sem envolver o corpo: é o que ocorre na ira, na audácia, no desejo, na percepção sensível em geral. O pensar parece constituir a mais provável exceção, afigurando-se eminentemente peculiar à alma; mas se o pensar for ele próprio um ato da imaginação ou não for possível sem a imaginação, também exigirá um corpo a título de condição para sua realização. Se houver

uma ação ou um estado passivo da alma que lhe seja próprio, esta poderá ter uma existência independente; se não houver, sua existência independente será impossível e a ela ocorrerá o que ocorre com o que é reto. O reto possui muitas propriedades advindas da retidão nele encerrada, por exemplo, a de tocar uma esfera de bronze num determinado ponto; contudo, a retidão separada dos outros componentes
15 · do que é reto não pode tocá-la desse modo: é impossível que seja assim separada, uma vez que é sempre encontrada num corpo. Parece que os estados passivos da alma implicam um corpo: ardor, brandura, medo, compaixão, coragem, também a alegria e tanto o amor quanto o ódio; em todas essas situações o corpo experimenta concomitantemente um estado passivo. Isso é indicado pelo fato de que ora as ocorrências
20 · violentas e marcantes sobrevêm sem produzir os sentimentos de excitação ou medo, ora insignificantes e débeis estímulos desencadeiam emoções, quando o corpo já se acha tenso, num estado semelhante ao que acompanha a agitação interior da alma quando nos encolerizamos. Mas disso dispomos de uma prova ainda mais evidente: na ausência de qualquer causa de medo, podemos experimentar os próprios estados passivos característicos do medo. Tudo isso eviden-
25 · cia que os estados passivos da alma são noções expressas na matéria. Assim, as definições devem ser formuladas; por exemplo, a cólera é o movimento de um determinado corpo, de uma parte ou de uma faculdade desse corpo, produzido por esta ou aquela causa em vista deste ou daquele fim. É por isso que compete ao físico[4] a investigação da alma – ou de todas as almas, ou do tipo que referimos.

É de maneira diferente que o físico e o dialético definiriam [esses
30 · estados passivos da alma]. Por exemplo, o dialético definiria a cólera como um desejo de retribuir a dor com a dor, ou algo análogo a isso,
403b1 · enquanto o físico a definiria como uma efervescência do sangue na região cardíaca, ou do elemento quente. Um dá conta das condições materiais, o outro da *forma*[5] ou noção. A noção é a *forma* da coisa,

---

4. ...φυσικοῦ... (*physikoú*), ou seja, o filósofo que se ocupa da ciência da natureza.

5. ...εἶδος... (*eîdos*), ou seja, a *ideia*.

e para que seja real é necessário que esteja incorporada à matéria. Portanto, a noção de casa é aproximadamente a seguinte: um abrigo contra a destruição produzida pelo vento, o calor ardente e a chuva. Enquanto um refere-se a pedras, tijolos e madeira, o outro considera a forma concretizada nesses materiais visando ao fim em pauta. Qual dos dois é o físico? Aquele que considera a matéria e ignora a noção ou aquele que considera unicamente a noção? Não seria, ao contrário, aquele que considera a ambas? E, se assim for, como caracterizarmos cada um dos dois? Não nos caberia dizer, sem dúvida, que não há ninguém que trate das determinações da matéria que desta são indissociáveis, nem sequer considerando-as em pensamento como indissociáveis? Mas é ao físico que compete tratar de todas as propriedades ativas e passivas de corpos ou materiais deste ou daquele modo definidos. Todas as propriedades não consideradas desse caráter são deixadas para outros, em certos casos para os homens das artes, por exemplo, o carpinteiro ou o médico; em outros casos, em que as determinações são realmente indissociáveis na medida em que não são estados passivos do corpo em tal condição, ou seja, num esforço de abstração, ao matemático; mas aquelas consideradas como dissociadas da matéria cabem ao *filósofo primeiro*.[6]

Mas é forçoso que abandonemos essa digressão e reafirmemos que os estados passivos da alma são indissociáveis da matéria dos seres vivos na medida em que lhes são inerentes, do que constituem exemplos o ardor e o medo, seu caso não sendo, portanto, análogo ao da linha e da superfície.

2

NOSSA INVESTIGAÇÃO DA ALMA REQUER que, ao formularmos os problemas para os quais posteriormente deveremos encontrar

---

6. ...πρῶτος φιλόσοφος... (*prôtos philósophos*), quer dizer, o *metafísico*.

soluções, reunamos as opiniões apresentadas por nossos predecessores a esse respeito, isso objetivando reter o que há de correto no que enunciaram e nos esquivarmos de seus erros.

Nossa investigação deve principiar pela prévia exposição das propriedades que com maior certeza foram sustentadas como naturalmente pertencentes à alma. O que tem alma[7] distingue-se do que não tem alma[8] devido a duas características principais: o movimento e a sensação. Poder-se-ia afirmar que isso foi o compreendido pelos nossos predecessores como característico da alma. Alguns deles sustentam que a alma é o que, de modo preeminente e fundamental, origina o movimento; crendo que aquilo que não é ele próprio movido não pode dar origem ao movimento em outra coisa, classificaram a alma entre os seres em movimento.

Assim, Demócrito[9] diz que a alma é um tipo de fogo e calor; suas configurações ou átomos são numericamente infinitos. Aqueles que são esféricos ele chama de fogo e alma, comparáveis às partículas de pó em suspensão no ar visíveis nos raios de sol filtrados através das janelas; para ele essa mistura universal de sementes constitui os elementos da totalidade da natureza – Leucipo[10] diz o mesmo. Os átomos esféricos são identificados com a alma porque essas formas são especialmente aptas a atravessar todos os meios e transmitir movimento às outras, por estarem elas mesmas em movimento. Isso implica, inclusive, a suposição de que é a alma que transmite movimento aos seres vivos. É por essa razão, ademais, que julgam a respiração a marca característica da vida. Como o meio ambiente comprime os corpos dos seres vivos e tende a expulsar as configurações que transmitem movimento a eles, pelo fato

---

7. ...ἔμψυχον... (*émpsykhon*), animado.
8. ...ἄψυχου... (*ápsykhou*), inanimado.
9. Demócrito de Abdera (?460-?362 a.C.), filósofo da natureza (físico) pré-socrático.
10. Filósofo da natureza (físico) pré-socrático (século V a.C.), mestre de Demócrito, originário de Abdera, Mileto ou Eleia.

de elas próprias nunca estarem em repouso, é provido um reforço a essas configurações por outras similares que ingressam oriundas do exterior graças à respiração. De fato, impedem a expulsão daquelas que já estão presentes no interior, opondo-se à força de compressão e condensação atuante no ambiente; e os seres vivos sobrevivem tanto tempo quanto conseguirem *cumprir essa função*.[11]

A teoria dos pitagóricos parece ter como fundamento a mesma ideia. Alguns entre eles identificaram a alma às partículas de pó em suspensão no ar, outros ao que as move. A alusão a essas partículas deve-se ao fato de parecerem sempre em movimento contínuo, mesmo que o ar esteja completamente estacionário.

Exibem a mesma tendência os que definem a alma como aquilo que se move a si mesmo. Todos esses parecem defender a opinião de que o movimento é o que está mais próximo da natureza da alma, e que enquanto tudo o mais é movido pela alma, só ela move a si mesma. Essa convicção nasce de não se observar nenhum motor que não esteja ele próprio em movimento.

De modo idêntico, também Anaxágoras[12] – e todos os que com ele concordam que o intelecto transmite o movimento a tudo – declara que o motor das coisas é a alma. Sua posição, contudo, deve ser distinguida daquela de Demócrito. Este identifica simplesmente alma e intelecto; para ele a verdade é o que aparece – motivo pelo qual aprova Homero quando este diz que Heitor *jazia a pensar em outra coisa*.[13] Não trata do intelecto como uma faculdade que se ocuparia da verdade, mas identifica alma e intelecto. Anaxágoras manifesta-se com menor clareza acerca de uma e outro. Em muitos pontos considera o intelecto a causa do que é belo e correto, enquanto alhures o identifica com a alma. Segundo ele, o inte-

---

11. Ou seja, *manter essa oposição*.
12. Anaxágoras de Clazômena (500-428 a.C.), filósofo da natureza pré-socrático.
13. Ou *jazia com o pensamento perdido*, mas não se sabe a que verso de Homero Aristóteles alude, já que na *Ilíada*, Canto XXIII, 698, a referência não é a Heitor. Cf. *Metafísica*, Livro IV, 1009b30 (presente em Clássicos Edipro).

lecto está presente em todos os seres vivos, grandes e pequenos, superiores e inferiores. Mas não parece que o intelecto no sentido de discernimento pertença igualmente a todos os seres vivos, nem mesmo a todos os seres humanos.

Todos, portanto, que observaram atentamente que o animado é movido fizeram da alma o princípio motor máximo; por outro lado, os que consideraram que o animado (o que tem alma) conhece e percebe os seres[14] identificam a alma com os princípios ou com o princípio, segundo admitam a multiplicidade dos princípios ou um único. Empédocles[15] declara que a alma é composta de todos os elementos, embora cada um deles seja uma alma. Eis o que ele diz:

É pela terra que vemos a terra, pela água que vemos a água,
Pelo éter, o éter divino, pelo fogo, o fogo destruidor,
Pelo amor, o amor, pela discórdia, a deplorável discórdia.[16]

Do mesmo modo Platão, no *Timeu*,[17] compõe a alma a partir dos elementos, pois segundo ele o semelhante é conhecido pelo semelhante, e as coisas são formadas a partir dos princípios. Igualmente em *Da Filosofia*,[18] foi proposto que o ser vivo ele mesmo procede da própria *Forma*[19] do Um, e conjuntamente da extensão, largura e profundidade primeiras, o mesmo valendo para todo o resto. Mais uma vez ele expressa sua opinião ainda em outros termos: o intelecto é representado pela unidade; o conhecimento, pela díade (por progredir diretamente de um ponto a um outro); a opinião, pelo número da superfície; a sensação, pelo número do sólido. Os números são por ele expressamente identificados com as próprias *Formas* e com os

---

14. ...τῶν ὄντων... (*tôn ónton*).
15. Empédocles de Agrigento (século V a.C.), filósofo da natureza pré-socrático.
16. Fragm. 109, Diels-Kranz.
17. Em *Obras Completas de Platão, Diálogos V*, Clássicos Edipro.
18. Aristóteles se refere aqui presumivelmente a alguma palestra de Platão, ou mesmo a um escrito, que certamente não chegou a nós.
19. Quanto à teoria das Formas de Platão, consultar o *Parmênides* (em Clássicos Edipro, *Diálogos IV*).

princípios e procedem dos elementos; por outro lado, algumas coisas são apreendidas pelo intelecto, outras pelo conhecimento, outras pela opinião e outras, ainda, pela sensação. E esses mesmos números são as *Formas* das coisas. Aliás, pelo fato de a alma parecer a alguns tanto motora quanto cognitiva, constituíram-na recorrendo a essas duas propriedades, declarando ser ela um número que move a si mesmo.

Quanto à natureza e quantidade dos princípios, há divergência. A principal divergência ocorre entre aqueles que os julgam corpóreos e os que os julgam incorpóreos. Opõem-se a esses dois grupos os partidários de uma combinação, os quais extraem seus princípios de ambas as fontes. A quantidade dos princípios também é controvertida: enquanto alguns admitem um único, outros sustentam múltiplos princípios. É em consonância com essas diversas afirmações que oferecem explicações da própria alma. Avaliaram, com suficiente razoabilidade, que aquilo que é por natureza fonte do movimento deve estar entre os princípios primeiros. Isso levou alguns a concluir que a alma é fogo, mesmo porque este é o mais sutil e incorpóreo dos elementos; ademais, o fogo apresenta, no sentido primordial, as propriedades de estar ele próprio em movimento e ser o motor das outras coisas.

Demócrito exprimiu-se de modo mais preciso quanto a fundamentar a atribuição dessa dupla propriedade à alma; alma e intelecto são, ele o afirma, idênticos, e consistem de corpos primários e indivisíveis, sua faculdade motora sendo devida à pequenez de suas partículas e a sua configuração; assevera que, de todas as configurações, a esférica é a mais móvel, sendo esta a das partículas tanto do intelecto quanto do fogo.

Quanto a Anaxágoras, como dissemos anteriormente, parece distinguir a alma do intelecto; entretanto, trata-os como uma única natureza, exceto pela reserva de considerar o intelecto o princípio supremo de todas as coisas. Declara que exclusivamente o intelecto, entre tudo que *é*, é simples, sem mescla e puro. A esse mesmo princípio atribui o conhecer e o mover, afirmando que é o intelecto que comunica o movimento ao universo.

Tales[20] também, a julgar pelo que dele se relata, parece ter sustentado que a alma é uma força motriz, uma vez tendo afirmado que o ímã possui em si uma alma, porque ele move o ferro.

Diógenes[21] e alguns outros identificam a alma com o ar porque, segundo o seu pensamento, o ar é, de todas as coisas, a mais sutil e desempenha a função de princípio. Nisso residiria a razão das faculdades cognitiva e motora da alma: como princípio primordial do qual todas as demais coisas procedem, o ar é cognitivo, ao passo que, como a mais sutil das coisas, é motor.

Para Heráclito,[22] o princípio, a *exalação quente* da qual, sustenta ele, tudo o mais é composto, é a alma. Trata-se de uma exalação maximamente incorpórea e em fluxo perpétuo; ademais, o movido é conhecido pelo que move. De fato, constitui tanto sua opinião quanto da maioria que as *coisas que são* estão em movimento.

É semelhante a essas opiniões a que Alcmeão[23] parece ter professado acerca da alma. Ele diz que ela é imortal porque se assemelha ao que é imortal e que esta sua imortalidade lhe pertence devido ao seu movimento perpétuo. Com efeito, todas as coisas divinas – a lua, o sol, os astros e o céu inteiro – estão em movimento perpétuo.

Entre outras opiniões mais superficiais há aquela de Hipon,[24] segundo o qual a alma identifica-se com a água. A convicção deles parece fundar-se no fato de que o sêmen de todos os animais é úmido. Hipon refuta aqueles que afirmam identificar-se a alma com o sangue, argumentando que o sêmen, que é a alma primordial, não é sangue.

Um outro grupo, do qual faz parte, por exemplo, Crítias,[25] realmente sustentou que a alma identifica-se com o sangue. Con-

---

20. Tales de Mileto (?640-?546 a.C.), filósofo da natureza pré-socrático.
21. Diógenes de Apolônia (segunda metade do século V a.C.), filósofo pré-socrático.
22. Heráclito de Éfeso (início do século V a.C.), cognominado o Obscuro, filósofo da natureza pré-socrático.
23. Ou Alcmeon de Crotona (*circa* 540 a.C.), filósofo pré-socrático.
24. Filósofo da natureza.
25. Filósofo da natureza.

sideram a sensação o atributo mais característico da alma e que se deve à natureza do sangue.

Todos os elementos, exceto a terra, tiveram seus partidários. A terra não encontrou nenhum partidário a não ser que admitamos como tal aquele que sustentou que a alma é composta ou idêntica à totalidade dos elementos.

A conclusão é que todos, podemos afirmá-lo, definem a alma por três características distintivas: o movimento, a sensação e a incorporeidade, cada uma delas sendo relacionada aos primeiros princípios, o que explica – salvo por uma exceção – que todos os que definem a alma por sua função cognoscente fazem dela um elemento ou a compõem a partir dos elementos. Todos utilizam uma linguagem similar: *o semelhante é conhecido pelo semelhante*. Como a alma é onisciente, é composta – eles o afirmam – de todos os princípios. Consequentemente, todos aqueles que propõem uma única causa e um único elemento tornam também a alma una (por exemplo, fogo ou ar), ao passo que os que propõem a pluralidade dos princípios tornam a alma múltipla. A exceção disso é Anaxágoras: ele, e só ele, declara que o intelecto não é passivo e que nada tem em comum com tudo o mais. Mas se assim é, como ou devido a que causa possui capacidade cognoscente? Isso não foi explicado por Anaxágoras, e suas palavras não permitem nenhuma inferência de nossa parte nesse sentido. Todos os que admitem duplas de contrários entre seus princípios compõem a própria alma a partir desses contrários; por outro lado, os que admitem como princípios somente um ou outro dos contrários, tal como quente ou frio, ou qualquer outra qualidade similar, afirmam igualmente que a alma é algum desses contrários. A consequência disso é deixarem-se nortear por essas próprias denominações; os que identificam a alma com o quente dizem que o vocábulo *viver*[26] tem aí a sua origem, ao passo que aqueles que a identificam com o frio

---

26. ...ζῆν... (*zên*).

30 · sustentam que a alma[27] tem esse nome por causa da respiração e do resfriamento.[28]

Essas são as opiniões por nós herdadas a respeito da alma, acompanhadas das razões que lhes deram sustentação.

3

Nosso exame deve começar pelo movimento, pois provavelmente não só é falso conceber a essência da alma como os que afirmam que ela é aquilo que move a si mesmo ou é capaz de 406a1 · mover a si mesmo, como também é impossível que o movimento seja sequer um atributo dela. Já salientamos[29] que não é necessário que o motor seja ele próprio movido. As coisas podem ser movidas 5 · de duas maneiras: ou por uma outra coisa ou por si mesmas. Dizemos que é movido por outra coisa tudo o que é movido pelo fato de estar contido numa coisa em movimento. Disso são exemplo os marinheiros, movidos de uma maneira distinta do navio, que se move diretamente, por si mesmo, enquanto eles são movidos indiretamente por estarem num navio em movimento. Isso fica evidente se considerarmos seus membros; o movimento próprio dos pés – e, por isso mesmo, próprio do ser humano – é o caminhar, e nesse caso os marinheiros não estão caminhando na embarcação.

10 · Admitidos os dois sentidos de *ser movido*, o que nos cabe examinar agora é se a alma é movida por si mesma e participa do movimento.

Há quatro tipos de movimento: locomoção, alteração, decadência e crescimento. Na hipótese de a alma ser movida, será de acordo com um desses tipos, mais de um deles ou todos eles. Mas se o movi-

---

27. ...ψυχήν... (*psykhén*).
28. ...κατάψυξιν... (*katápsyxin*).
29. *Física*, Livro VIII, capítulo 5.

mento da alma não for por acidente, terá que haver um movimento
15 · que pertença naturalmente a ela, e nesta hipótese, como todos os tipos indicados envolvem lugar, também este terá que lhe ser natural. Se a essência da alma consistir no movimento de si mesma, o movimento não lhe será inerente por acidente, como ocorre com o que é branco ou o que tem três cúbitos de comprimento, que são movidos, sim, mas somente por acidente – é o sujeito ao qual esses predicados
20 · pertencem que se move [naturalmente], isto é, o corpo. Consequentemente, esses atributos carecem de lugar natural; a alma, contudo, se participa naturalmente do movimento, possui um.

Além disso, se a alma é movida por natureza, pode também o ser por força; e, inversamente, se movida por força, também o é por natureza.[30] O mesmo vale para o repouso, uma vez que o término do movimento natural é o lugar do repouso natural e, ana-
25 · logamente, o término do movimento forçado é o lugar do repouso forçado. Entretanto, é difícil mesmo imaginar o significado atribuível a movimentos e repousos forçados da alma. Ademais, se a alma é movida para o alto, é fogo, se para baixo, é terra, visto que os movimentos ascendentes e descendentes constituem as características desses corpos. O mesmo raciocínio é aplicável aos movimen-
30 · tos intermediários. Por outro lado, como evidencia-se que a alma transmite movimento ao corpo, é racional supor que ela lhe transmite os movimentos pelos quais ela própria é movida, o que nos autorizaria a inferir, considerando a ordem inversa e dizendo o que
406b1 · é verdadeiro, dos movimentos do corpo movimentos similares da alma. Ora, o corpo é movido por locomoção, do que se concluiria que a alma também seria submetida à mudança de idêntico modo e se deslocaria, ou na sua totalidade ou em uma de suas partes. Isso acarretaria a possibilidade de a alma poder inclusive deixar o corpo e nele novamente ingressar, o que, por seu turno, nos levaria à possibilidade da ressurreição dos seres vivos após sua morte.

---

30. Isto é, o movimento por natureza da alma implica necessariamente na existência de um contramovimento que não lhe é natural – e vice-versa.

5 · No que toca ao movimento acidental, a alma poderia tê-lo transferido a si de uma outra coisa; o ser vivo poderia ser objeto de um impulso forçado. Contudo, aquilo que se move por si mesmo devido à sua essência não pode ser movido por outra coisa, a não ser acidentalmente, tal como o que é bom por si ou em si não pode dever sua qualidade de bom a algo que lhe seja externo ou a algum fim do qual seja um meio. Na melhor das hipóteses, nos seria facultado dizer, no caso de admitirmos que a alma está sujeita ao
10 · movimento, que é movida pelas coisas sensíveis. É de se observar também que se a alma move a si mesma, deve ser o próprio motor que é movido; se então todo movimento consiste – com referência ao móvel enquanto tal – em abandonar a si mesmo, a alma, por sua vez, deveria abandonar sua própria essência, ao menos se o seu
15 · automovimento for essencial, e não acidental.

Alguns também julgam que os movimentos transmitidos pela alma ao corpo são da mesma espécie daqueles mediante os quais ela própria é movida. Podemos exemplificar com Demócrito, que emprega uma linguagem semelhante à do comediógrafo Felipe. Este realmente diz que Dédalo conferiu movimento à sua Afrodite de madeira
20 · nela vertendo mercúrio. De modo semelhante, Demócrito diz que os átomos esféricos movem-se porque sua natureza os impede de permanecer em repouso, com o que arrastam o corpo inteiro atrás de si e produzem seus movimentos. Perguntaríamos, de nossa parte, se é esse o mesmo princípio responsável pela produção também do repouso. Seria difícil, mesmo impossível dizer, como poderia produzi-lo. Seja como for, não é desse modo que a alma parece transmitir mo-
25 · vimento aos seres vivos, mas através da intenção prévia e do pensar.

É de idêntica maneira que o *Timeu*[31] fornece uma explicação física de como a alma transmite movimento ao corpo. Afirma-se ali que a alma está em movimento, de sorte que, devido à recíproca implicação entre alma e corpo, a primeira também move o segundo. Com efeito, [o Demiurgo] compôs a alma a partir dos diversos elementos

---

31. Platão, Obras Completas, *Diálogos V*, Clássicos Edipro.

e dividiu-a conforme os números harmônicos, para que possuísse uma sensibilidade inata da harmonia e de como o universo[32] realiza movimentos harmoniosos; em seguida ele curvou a linha reta sob a forma de um círculo; na sequência esse círculo unitário foi dividido por ele em dois círculos unidos em dois pontos comuns; em seguida subdividiu ainda um dos círculos em sete círculos, o que sugere que os movimentos da alma identificam-se com as revoluções celestes.

Bem, para começar não é correto afirmar que a alma é uma grandeza. Está claro que ele entende por alma do universo algo análogo ao que chamamos de intelecto, nada semelhante à alma sensitiva ou à alma apetitiva, uma vez que os movimentos de uma ou outra dessas não são circulares. Por outro lado, o intelecto é uno e contínuo no sentido em que o é o processo do pensar, e o pensar identifica-se com os conceitos. Ora, estes possuem uma unidade sequencial como a do número, e nisso diferem da grandeza. Isso explica por que o intelecto não pode ter a continuidade da grandeza. Ou o intelecto é destituído de partes, ou sua continuidade será distinta daquela característica de uma grandeza. Afinal, como poderia pensar se fosse uma grandeza? Pensaria mediante seu todo ou mediante qualquer uma de suas partes? Nesse caso, seria necessário conceber a parte ou na acepção de uma grandeza ou na acepção de um ponto – na hipótese de poder classificar este último como parte de uma grandeza.

Se pensa segundo o ponto, considerando-se que os pontos são numericamente infinitos, ressalta óbvio que o intelecto nunca pode percorrê-los exaustivamente. Se, porém, pensa segundo a grandeza, isso significa que pensará a mesma coisa uma multiplicidade de vezes, ou infinitas vezes. Ora, está claro que só o pode fazer uma única vez. Se, ademais, lhe basta entrar em contato com o objeto por qualquer uma de suas partes, de que vale o movimento circular ou, absolutamente, a grandeza que lhe é atribuída? E se lhe for necessário pensar o objeto pelo contato de toda sua circunferência, qual o significado a ser dado ao contato das partes? Além disso,

---

32. ...τὸ πᾶν... (*tò pán*), o Todo.

como pensará o divisível pelo indivisível, ou este pelo divisível? Faz-se necessário que identifiquemos o círculo em questão com o intelecto, uma vez que o movimento do intelecto é a intelecção, ao passo que o movimento do círculo é a revolução. Assim, se a intelecção é um movimento de revolução, o círculo dotado desse movimento característico (ou seja, dessa revolução), será o intelecto.

Por outro lado, qual objeto poderá pensar eternamente? De fato, seu pensamento terá que ser eterno, uma vez que a revolução também o é. Com efeito, todos os processos práticos do pensar têm limites – todos possuem algo distinto de si por fim; quanto aos processos teóricos, são limitados do mesmo modo que seus enunciados. Bem, todo enunciado é uma definição ou uma demonstração. As demonstrações têm como ponto de partida um princípio e, pode-se dizer, terminam no silogismo ou na conclusão. Mas na hipótese de as demonstrações não serem limitadas, ao menos não retornam ao seu ponto de partida, mas mediante a adição sucessiva de um termo médio ou extremo progridem em linha reta; quanto à revolução (movimento circular), ao contrário, ocorre um retorno ao seu ponto de partida. As definições são todas limitadas.

Que se acresça a isso que se um idêntico movimento circular, ou seja, revolução, repete-se muitas vezes, também o intelecto deverá pensar repetidamente o mesmo objeto. Ademais, a intelecção (o pensar) assemelha-se mais a um repouso ou a uma parada do que a um movimento, o mesmo podendo-se afirmar do silogismo.

Bem, com certeza aquilo que é difícil e forçado é incompatível com a bem-aventurança; se então o movimento[33] é a negação da essência da alma, esta será movida contra sua natureza. Também será penoso para a alma estar indissoluvelmente unida ao corpo; além disso, essa união é indesejável, como se diz frequentemente e é amplamente aceito, se é verdade que para o intelecto é melhor não estar associado a um corpo.

---

33. ...κίνησις... (*kínesis*).

Outro problema é a causa da revolução dos céus permanecer obscura. A causa desse movimento circular não é, de fato, a essência da alma, sendo para esta tal movimento tão só acidental. Tampouco é o corpo essa causa. Não é sequer afirmado ser melhor que a alma seja assim movida. Não obstante, a razão para Deus[34] fazer a alma mover-se circularmente deve ser porque o movimento é para ela melhor do que o repouso, e o movimento circular melhor do que outro movimento. Visto, porém, que esse tipo de questão ajusta-se melhor a uma outra esfera de especulação, nós o deixaremos por ora de lado.

A doutrina que examinamos, bem como a maioria das doutrinas sobre a alma, implicam o seguinte absurdo: unem a alma a um corpo ou a introduzem num corpo, sem apresentar qualquer explicação específica da razão dessa união e das condições corpóreas para essa união. E, no entanto, tal explicação pareceria indispensável. Um certo elemento comum é pressuposto graças ao fato de um agir e o outro sofrer a ação, de um mover e o outro ser movido, sendo que nenhuma destas relações recíprocas ocorre entre elementos tomados ao acaso. Ora, tudo o que esses pensadores fazem é tentar determinar o que é a alma, descrever o que a caracteriza; não procuram, entretanto, determinar qualquer coisa a respeito do corpo ao qual cabe recebê-la, como se fosse possível, conforme os mitos pitagóricos, que qualquer alma pudesse alojar-se em qualquer corpo, [opinião absurda,] já que cada corpo parece possuir forma e configuração particulares... [tão absurdo] quanto afirmar que a arte da carpintaria poderia incorporar a si mesma nas flautas. Cada arte usa necessariamente seus instrumentos, cada alma, seu corpo.

4

HÁ UMA OUTRA OPINIÃO ACERCA DA ALMA, considerada por muitos não menos digna de crédito do que as demais até aqui

---

34. Ver *Metafísica*, especialmente Livro XII, 1072b1 a 1073b1.

mencionadas. Além disso, mereceu uma avaliação pública de si baseada nas discussões comuns. Os que partilham dessa opinião dizem que a alma é uma harmonia, pois a harmonia seria uma mistura ou uma espécie de combinação de contrários, enquanto o corpo, um composto de contrários.

Entretanto, a harmonia constitui uma certa proporção dos constituintes misturados, ou a sua combinação, não podendo a alma ser nem uma coisa nem outra. Ademais, o poder de gerar movimento não pode pertencer a uma harmonia, e todos os pensadores concordam, podemos afirmá-lo, ser essa propriedade um atributo principal da alma. É mais apropriado classificar a saúde, e em geral as boas qualidades corporais, como harmonia do que classificar a alma como harmonia. A evidência disso impõe-se quando procuramos relacionar as paixões e ações da alma a uma harmonia: quão difícil é harmonizá-las! Além disso, ao utilizar a palavra harmonia temos duas coisas em mente: no sentido que lhe é mais pertinente vincula-se a grandezas dotadas de movimento e posição – nesse sentido, harmonia significa que são combinadas e harmonizadas de modo a barrar a inclusão de qualquer elemento homogêneo; por outro lado, num sentido derivado, harmonia significa a proporção entre os constituintes assim misturados. Num ou noutro desses sentidos não é plausível predicar a harmonia da alma. Refutar que seja a combinação das partes do corpo é algo demasiado fácil de realizar, uma vez que são numerosas e diversificadas as combinações dessas partes: qual seria, nesse caso, a parte do corpo da qual o intelecto deveria ser considerado a combinação e de que espécie seria ela? E quanto às faculdades sensitiva ou apetitiva [da alma]? É igualmente irracional identificar a alma com a proporção da mistura, porque a mistura dos elementos que constituem a carne apresenta uma proporção diferente da mistura constituinte do osso. A consequência dessa concepção seria admitir que haveria, distribuídas por todo o corpo, múltiplas almas, visto que cada uma das partes do corpo seria uma mistura dos elementos, e a proporção da mistura seria, por seu turno, em cada caso uma harmonia, ou seja, uma alma.

Estaríamos autorizados a exigir, ao menos de Empédocles – já que ele afirma que cada uma das partes do corpo é o que é em função de uma certa proporção entre os elementos – uma resposta às seguintes perguntas: a alma é, então, idêntica a essa proporção ou será, pelo contrário, algo distinto que aparece nas partes? É o amor a causa de qualquer mistura ou apenas daquelas que realizam a proporção? E quanto ao próprio amor? É a própria proporção ou algo distinto dela? Essas perguntas encerram as dificuldades dessa opinião. Por outro lado, porém, se a alma é algo distinto da mistura, por que, quando desaparece o que constitui a carne, o que constitui as demais partes do ser vivo igualmente desaparece? Ademais, se a alma não é idêntica à proporção da mistura, sendo consequentemente falso que cada parte possua uma alma, o que perece quando a alma abandona o corpo?

A conclusão é que é impossível tanto que a alma seja uma harmonia quanto que seja movida circularmente – isso depreende-se claramente do que foi dito. Todavia, é possível que ela seja movida acidentalmente, como dizíamos, ou que mova a si mesma, a saber, no sentido em que o veículo no qual está pode ser movido e movido por ela. Em nenhum outro sentido pode ocorrer movimento da alma no espaço.

Podem subsistir dúvidas mais razoáveis com relação ao seu movimento devido aos fatos que se seguem. Dizemos que a alma experimenta dor e alegria, coragem e medo e, além disso, que se enraiveça, que sente e que pensa. Ora, todos esses estados parecem ser formas de movimento, o que nos autorizaria a inferir que a própria alma é movida, regozija-se e pensa. Isso, entretanto, não se infere necessariamente. É-nos permitido admitir que a dor, a alegria, o pensamento são movimentos e cada um deles um movimento [que nos é transmitido e] por nós recebido, e que esse movimento é gerado pela alma. Por exemplo, podemos considerar a cólera ou o medo como determinados movimentos do coração, e o pensar como um outro determinado movimento desse órgão, ou de algum outro; esses movimentos seriam, assim, alguns deles deslocamentos de certos órgãos em certas partes, enquanto outros seriam alterações (cuja natureza e modo específicos não cabe aqui discutirmos, sendo irrelevantes ao nosso presente propósito). No entanto, dizer que a alma está colérica seria como dizer que é a alma que tece ou constrói [casas]. Provavelmente seria melhor não dizer que a alma se compadece, aprende ou pensa, mas, de preferência, que é o ser humano, mediante sua alma, que o faz. Igualmente é necessário entender não que o movimento está na alma,[35] mas que o movimento por vezes tem seu término na alma, e por vezes tem nela o seu ponto de partida, como é o caso da sensação que parte de determinados objetos externos, enquanto a revocação parte da alma para atingir os movimentos ou estados estacionários nos órgãos dos sentidos.

Quanto ao intelecto, parece ser uma substância independente instalada em nós e que não está sujeita à corrupção. Na hipótese de ser de alguma maneira corruptível, seria por ação da debilitação causada pela velhice. O que realmente ocorre, contudo, é idêntico ao que ocorre no caso dos órgãos dos sentidos: se o velho pudesse recuperar um olho são, veria como um jovem. Consequentemente, a velhice não constitui, ela mesma, um estado experimentado pela alma, mas por seu veículo, como acontece nos casos da embriaguez e das enfermidades. A conclusão é que é o exercício do intelecto[36] e da especulação que passa a declinar quando da deterioração de algum órgão interno; o intelecto ele mesmo é impassível.[37] Quanto ao exercício do pensamento discursivo,[38] do amor ou do ódio, não são paixões desse pensamento em si, mas do veículo individual que é seu detentor, enquanto é detentor. Assim, com a corrupção desse veículo, tanto a memória quanto o amor deixam de existir; não são atributos (paixões) desse pensamento discursivo em si, mas do composto que pereceu; no que toca ao intelecto, é provável que se trata de algo mais divino e impassível.

---

35. Ou seja, *que a alma é a sede do movimento.*
36. ...νοεῖν... (*noeîn*).
37. ...ἀπαθές... (*apathés*), ou seja, não passivo, não sujeito a experimentar paixão.
38. ...διανοεῖσθαι... (*dianoeîsthai*).

30 ·   Do que foi exposto, fica evidenciado que não é possível que a alma seja movida, e se de modo algum o pode ser, está claro que também não o pode ser por si mesma.

De todas as opiniões indicadas por nós, a que é de longe a mais irracional é a de que a alma é um número automotivo.[39] Essa opinião envolve todas as impossibilidades resultantes de considerar a alma como movida, somando os seus propugnadores a essas as que 409a1 · resultam de considerá-la um número. Como afinal conceber uma unidade em movimento? Por ação do que e como é movida se é destituída de partes e de diferenças internas? De fato, se é motriz (geradora de movimento) e móvel (ela mesma capaz de ser movida), deve encerrar diferença. Ademais, uma vez que se diz que uma linha móvel gera uma superfície e um ponto móvel gera uma linha, 5 · os movimentos das unidades, por seu turno, são linhas, pois um ponto é uma unidade que ocupa posição, e o número da alma está em alguma parte e ocupa uma posição.

Acresça-se que se de um dado número, um número ou uma unidade forem subtraídos, o resto será um outro número. Contudo, no caso das plantas e de muitos animais, o que ocorre é que, 10 · se divididos, sobrevivem e parecem preservar a mesma espécie de alma. E o mesmo vale quer falemos de unidades, quer falemos de corpúsculos. Com efeito, se os átomos esféricos de Demócrito se convertessem em pontos, nada sendo retido exceto sua quantidade numérica, teria que restar em cada um uma fração motriz e uma fração em movimento, como ocorre no contínuo; o que acontece nada tem a ver com o tamanho dos átomos (o fato de serem grandes 15 · ou pequenos): depende exclusivamente de serem uma quantidade. Daí a necessidade de admitir algo que gere movimento nas unidades. Bem, se no que toca ao ser vivo, o motor é a alma, será idêntico no que se refere ao número, com a ressalva de que a alma, neste caso, não será o motor e o movido, mas unicamente o motor. Ora,

---

39. Teoria de Xenócrates, contemporâneo de Aristóteles, seu colega e discípulo de Platão.

como conceber a possibilidade de a alma ser uma unidade? Será imperioso que se distinga de algum modo das demais unidades. E que diferença pode haver entre uma unidade pontual e uma outra senão uma diferença de posição? Por outro lado, se as unidades, isto é, os pontos do corpo diferem das unidades da alma, estas ocuparão o mesmo lugar, uma vez que cada unidade ocupará um ponto. No entanto, se é possível haver duas no mesmo lugar, por que não haver um número infinito? Se, de fato, o lugar é indivisível, também o são as coisas que a ele correspondem. E, se, por outro lado, os pontos do corpo constituem o próprio número da alma, isto é, se a soma dos pontos do corpo é a alma, por que nem todos os corpos possuem almas? Afinal, todos os corpos possuem pontos e num número infinito. Por outro lado, como admitir a possibilidade de os pontos serem isolados e separados de seus corpos se é inadmissível que as linhas decompõem-se nos pontos?

5

Chega-se, portanto, nós o dissemos, por um lado à retomada da posição que faz da alma uma espécie de corpo sutil, por outro fica-se, com Demócrito (para quem o movimento é produzido pela alma), enredado em peculiares embaraços. Se a alma está presente em todo o corpo sensível e perceptivo, o mesmo lugar conterá necessariamente dois corpos na hipótese de a alma ser um tipo de corpo. Quanto aos que sustentam que a alma é um número, serão obrigados a admitir que num único ponto há uma pluralidade de pontos, ou que todo corpo possui uma alma, a menos que a nós diga respeito um número diferente, nomeadamente um número distinto da soma dos pontos existentes num corpo. Uma outra consequência seria o ser vivo ser movido pelo número, sendo precisamente assim que Demócrito lhe conferia o movimento. Afinal, que diferença faz se nos referimos a pequenos átomos esféricos ou a grandes unidades, ou simplesmente a unidades em movimento? Numa situação ou outra, é-se forçado a atribuir o movimento do ser vivo à translação dessas mesmas unidades. Assim, aqueles que se dispõem a combinar movimento e número numa mesma realidade tornam-se vulneráveis a esses impasses e a outros similares. É impossível não só que esses caracteres forneçam a definição da alma, como é igualmente impossível que sejam sequer acidentais a ela. E eis como o demonstramos: basta tentarmos, partindo dessa definição, explicar as paixões e ações da alma, por exemplo o raciocínio, a sensação, o prazer, a dor e assim por diante. Para reiterar o que dissemos antes: com base nesses caracteres seria difícil até mesmo fazer uma conjectura.

Essas são, portanto, as três maneiras tradicionais de definir a alma, a saber: há os que a consideram o princípio motor fundamental por mover-se a si mesma; há os que fazem dela o mais sutil ou *o mais incorpóreo*[40] de todos os tipos de corpos (as dificuldades e incoerências em que se enredam essas opiniões foram suficientemente expostas anteriormente). Resta-nos examinar a opinião de que a alma é composta dos elementos.

O fundamento dessa opinião é a alma poder perceber os seres e conhecer todos eles. Entretanto, essa teoria acarreta consequências que se situam no domínio do impossível. Seus defensores sustentam que o semelhante é conhecido pelo semelhante, como se estivessem sustentando que a alma é idêntica às coisas. Mas os elementos não são as únicas coisas, havendo uma multiplicidade, ou melhor, um número ilimitado de coisas formadas dos elementos. Suponhamos então que os elementos dos quais cada uma delas é formada são conhecidos e percebidos pela alma. Mas como poderia a alma conhecer ou perceber o composto, por exemplo o que é um deus, o ser humano, a carne ou o osso? Essa mesma questão aplica-se a todos os compostos, sejam quais forem, uma vez que não é um estado qualquer dos elementos o constituinte de cada um dos

---

40. ...ἀσωματώτατον... (*asomatótaton*).

compostos, mas, pelo contrário, uma proporção e composição determinada. O próprio Empédocles o afirma relativamente ao osso:

A terra acolhedora nos seus cadinhos de flancos largos
5 · *Recebeu da radiante Nestis*[41] *dois oitavos,*
E quatro de Hefaístos,[42] *assim sendo formados os ossos brancos.*[43]

De nada serve, portanto, a presença dos elementos na alma, a não ser que estejam igualmente presentes as proporções e a composição. Realmente cada elemento conhecerá seu semelhante, mas estará ausente o conhecimento do osso ou do ser humano, salvo se
10 · eles também estiverem presentes na alma. É até ocioso dizer que isso é impossível, pois quem diria que há na alma uma pedra ou um ser humano? O mesmo é aplicável ao *bom e ao não bom*[44], sendo inclusive aplicável a tudo o mais.

Ademais, na medida em que *o ser*[45] comporta uma multiplicidade de sentidos (significa o *isto,*[46] a quantidade, a qualidade ou qualquer outra das categorias que distinguimos),[47] será a alma cons-
15 · tituída de todas essas categorias ou não? É de notar que os elementos não parecem aplicar-se em comum a todas as categorias. É a alma formada exclusivamente dos elementos pertencentes às substâncias? Se este é o caso, como é capaz de conhecer cada um dos outros tipos de coisas? Será dito que cada gênero possui elementos e princípios que lhe são próprios e dos quais a alma seria composta? Se assim
20 · fosse, a alma seria quantidade, qualidade e substância. Entretanto, a impossibilidade instaura-se quando pensamos que, derivando dos elementos da quantidade, a alma é substância e não quantidade.

---

41. Ou seja, da água límpida.
42. Ou seja, do fogo.
43. Fragmento 96, Diels-Kranz.
44. ...ἀγαθὸν καὶ τὸ μὴ ἀγαθόν.. (*agathòn kaì tò mè agathón*).
45. ...τοῦ ὄντος... (*toû óntos*)
46. Ou seja, a substância.
47. Ver *Categorias*, primeiro tratado do *Órganon* (presente em Clássicos Edipro).

Essas e outras semelhantes são as consequências embaraçosas para aqueles que concebem a alma como composta de todos os elementos.

É também despropositado afirmar que o semelhante não pode sofrer o efeito do semelhante, e que o semelhante percebe o semelhante, e que o semelhante conhece através do semelhante. De fato, o perceber, bem como o pensar e o conhecer são tidos, enquanto tais, como formas de paixão e de movimento.

Surge, portanto, um cortejo de impasses e dificuldades quando se sustenta, com Empédocles, que pelos elementos corpóreos é estabelecido o conhecimento de cada coisa e por referência ao seu semelhante. A evidência adicional para isso é que todas as partes do corpo do ser vivo que consistem somente de terra, como os ossos, os tendões, os pelos, parecem ser insensíveis e, consequentemente, incapazes de percepção até mesmo daquilo que lhes é semelhante, devendo, naquela hipótese, ser capazes disso.

Que se acrescente que cada um dos princípios deterá muito mais ignorância do que conhecimento, visto que, a despeito de cada um deles conhecer uma coisa ignorará muitas, ou seja, todas as outras. Ao menos Empédocles teve que concluir que seu deus é o menos inteligente de todos os seres, já que dele exclusivamente pode-se afirmar que desconhece um dos elementos, a discórdia, enquanto os mortais conhecem a todos, posto que todos entram em sua composição.

De um modo geral, por que todos os seres não possuem uma alma, considerando-se que cada um é um elemento, ou é formado de um, de vários ou de todos? Isso implica necessariamente que cada ser conhece um dos elementos, vários entre eles ou todos eles. Outra coisa que se pode indagar é o que unifica os elementos na alma. Parece que os elementos correspondem à matéria; o que os une, seja o que for, é o fator de suprema importância. É, contudo, impossível que haja algo melhor e superior à alma, e ainda mais impossível algo que o seja em relação ao intelecto, uma vez que com toda a força da razão ele é absolutamente primordial e dominante por natureza. Ora, afirmam que os elementos são os primeiros entre os seres.

Todos, *quer* os que asseveram que a alma, devido ao seu conhecimento e percepção das *coisas que são*,[48] é composta dos elementos, *quer* os que afirmam que é o maior dos princípios motrizes, deixam de se ocupar do exame de todos os tipos de alma. Nem todos os seres capazes de percepção são capazes de todos os movimentos. Parece que certos seres vivos são estacionários e, não obstante, pelo que parece, o movimento local é o único que a alma gera nos seres vivos. A mesma objeção vale para os que constituem o intelecto e a faculdade da percepção com base nos elementos. É evidente que as plantas vivem sem a capacidade de *locomoção ou*[49] percepção e que muitos animais não possuem a faculdade do pensar. Mesmo que se abrisse mão desses pontos e se concebesse que o intelecto é uma parte da alma (incluindo a faculdade da percepção), ainda haveria a omissão da parte deles no que toca a dar alguma explicação de tipos de partes da alma.

A mesma objeção é válida contra a doutrina expressa nos versos órficos, segundo a qual a alma provém do *Todo* quando ocorre a respiração [dos seres vivos], os ventos servindo-lhe de veículo – algo impossível no tocante às plantas e a certos animais, pois nem todos respiram, o que escapou à observação dos que sustentam essa opinião.

Mesmo que fosse preciso constituir a alma a partir dos elementos, não seria necessário supor a inclusão de todos os elementos nessa constituição. Bastaria um elemento em cada par de contrários para capacitá-la a discernir quer esse próprio elemento, quer seu contrário. É assim que graças à linha reta temos conhecimento dela própria como também da curva, pois a régua do construtor mede ambas (porém a curva é incapaz de medir tanto a si mesma quanto a linha reta).

Outros pensadores declaram que a alma está mesclada ao universo inteiro, do que talvez derive a opinião de Tales de que tudo está repleto de deuses. Isso nos leva a certas dificuldades. Por que a alma, quando se encontra no ar ou no fogo, não produz um ser vivo, mas o

---

48. ...τὰ ὄντα... (*tà ónta*).
49. Eliminado por Ross.

produz quando se encontra em mesclas dos elementos, isso embora considere-se que seja de superior qualidade quando encerrada nos primeiros? Seria forçoso também indagar por que a alma que reside no ar é tida como superior e mais imortal do que a alma dos seres vivos.

15 · Entretanto, seja qual for a resposta que se dê a isso, cai-se no absurdo ou no erro de cálculo. Chamar o fogo ou o ar de ser vivo constitui o máximo em matéria de erro de cálculo, ao passo que é absurdo não chamar de ser vivo o que possui em si uma alma. A opinião segundo a qual os elementos possuem almas neles mesmos parece ter se originado da teoria que sustenta que o todo é necessariamente homogêneo em relação às suas partes. Se é correto dizer que seres vivos tornam-se animados aspirando para o interior de si uma porção daquilo que os

20 · circunda, ser-se-á obrigado a dizer que também a alma é homogênea em relação às suas partes. Se o ar aspirado é homogêneo, mas a alma é heterogênea, está claro que enquanto alguma parte da alma existirá no ar aspirado, uma outra não existirá aí. Conclui-se necessariamente que ou a alma é homogênea, ou não está contida em parte alguma do todo.

Do que expomos evidencia-se que o conhecimento enquanto
25 · pertencente à alma não pode ser explicado pelo fato de esta ser composta dos elementos, e que tampouco estaríamos autorizados a dizer correta e verdadeiramente que a alma é movida.

Mas, posto que o conhecer pertence à alma, bem como o perceber, o opinar, o desejar, o deliberar, e em geral todos os demais tipos de apetite, e os movimentos locais dos seres vivos, o crescimento, a
30 · maturidade e a decadência são produzidos pela alma, cabe-nos ne-
411b1 · cessariamente indagar se cada uma dessas atividades pertence à alma como um todo, quer dizer, se é com a alma inteira que pensamos, sentimos, percebemos, nos movemos e, assim por diante, no que tange a cada uma de nossas ações e paixões, ou se cada uma delas requer uma parte distinta da alma. O mesmo aplica-se à vida. Depende esta de uma só parte da alma, de mais de uma, de todas, ou sua causa é inteiramente outra?

5 · Há os que afirmam que a alma é divisível, sendo que uma parte dela pensa, ao passo que a outra deseja. Assim, o que concebemos

produzindo a unidade da alma se esta é, por natureza, divisível? Certamente não é o corpo, já que, pelo contrário, parece ser a alma a responsável pela unidade [e integridade] do corpo, uma vez que, quando ela parte, ele se decompõe e se corrompe. Se, portanto, há uma outra coisa que produz a unidade da alma, é nessa coisa – mais do que em qualquer outra – que nos cabe identificar a alma. Contudo, mais uma vez é imperioso indagarmos se essa coisa é una ou múltipla. Se una, por que não admitir de imediato que a alma é una? Se, ao contrário, é divisível, isto é, possui partes, a questão deverá ser novamente formulada: o que unifica suas partes, e, assim, *ad infinitum*? As partes da alma nos motivariam igualmente a uma outra pergunta: qual é a função independente de cada uma relativamente ao corpo? Afinal, se a alma integral une o corpo integral, seria de supor que cada uma das partes dela unisse uma parte do corpo. Todavia, isso parece impossível; é difícil mesmo imaginar que tipo de parte do corpo o intelecto uniria, e como o faria.

Por outro lado, sabemos por observação que plantas e, entre os animais, certos insetos, sobrevivem quando segmentados, o que significaria que os segmentos resultantes da divisão possuem uma alma em si idêntica do ponto de vista da espécie, ainda que diferente do ponto de vista do número. Cada um dos segmentos preserva por algum tempo a sensibilidade e o movimento local. Mas se não sobrevivem depois, nada há nisso de surpreendente, já que lhes faltam os órgãos necessários à preservação de sua natureza. De qualquer maneira, em cada um dos segmentos estão presentes todas as partes da alma, as almas dos segmentos sendo, do prisma da espécie, homogêneas entre si e em relação à alma inteira, o que sugere que as diversas partes da alma são indissociáveis entre si, a despeito de a alma na sua totalidade ser divisível. Parece que o princípio observado nas plantas é também, ele próprio, um tipo de alma, pois é o único princípio comum a animais e vegetais; é capaz de existir separadamente do princípio sensitivo, embora sem ele coisa alguma seja dotada de sensibilidade.

LIVRO II

1

412a1 · Expomos assim as opiniões acerca da alma herdadas de nossos predecessores. Retornemos agora ao nosso ponto de parti-
5 · da, no empenho de responder o que é alma e proporcionar dela a explicação mais geral possível.

Dizemos que um dos gêneros do ser é a substância.[50] Esta, num primeiro sentido, é a matéria, ou seja, aquilo que em si não é um *isto* (este ou aquele determinado ser); num segundo sentido, a substância é a configuração e a forma em virtude das quais uma coisa é chamada de um *isto*, ou seja, de um ser determinado; num terceiro sentido, é um composto de ambas.[51] Ademais, a matéria é
10 · potência,[52] ao passo que a forma é realização (ato),[53] e esta em dois sentidos, a título de exemplo, o conhecimento e a especulação.

Entre as substâncias estão reconhecidamente e de modo destacado os corpos e, particularmente, os corpos naturais, os quais são,

---

50. ...οὐσίαν... (*ousían*). Ver *Categorias* (primeiro tratado do *Órganon*), capítulo V.
51. Ver *Metafísica*, Livro V, 8, 1017b10 a 25, e Livro XII, 1. Neste sentido concebemos que toda substância consiste de matéria (ὕλη [*húle*]) e forma (εἶδος [*eídos*]), como, por exemplo, uma bola de futebol, em que a matéria é o plástico (ou qualquer outro material de que é feita) e a forma é a esférica. Analogamente, o corpo é matéria e a alma forma. Em 412a20-21 logo a seguir Aristóteles define a alma, numa primeira instância, na sua conexão com o corpo. Em 412b5-6 encontra-se a definição geral de alma.
52. ...δύναμις... (*dýnamis*). Ver *Metafísica*, Livro IX.
53. ...ἐντελέχεια... (*entelékheia*). Ver a *Física* e a *Metafísica*, Livro IX.

de fato, os princípios dos demais. Entre os corpos naturais, alguns têm vida, outros não. Por vida[54] entendo [os processos de] autonutrição, crescimento e decadência. Infere-se que todo corpo natural dotado de vida é uma substância no sentido de um composto.

Mas visto que se trata de um corpo dessa qualidade – nomeadamente que possui vida –, o corpo não poderia ser idêntico à alma; de fato, o corpo não se encontra entre os atributos de um sujeito, sendo, ao contrário, ele próprio sujeito e matéria. Conclui-se que a alma é necessariamente uma substância no sentido de ser a forma de um corpo natural que possui a vida em potência. Mas como a substância é realização (ato), a alma é o ato de um corpo como anteriormente caracterizado.

Entretanto, a realização (ato) é entendida em dois sentidos: quer como conhecimento, quer como especulação. É óbvio que a alma é realização (ato) analogamente ao conhecimento, pois tanto o sono quanto a vigília implicam a existência da alma, e desses: a vigília corresponde à especulação, o sono, à posse do conhecimento, mas não ao seu exercício. E o conhecimento de algo é anterior do ponto de vista do tempo.

Assim, a alma é o ato primeiro de um corpo natural que possui a vida em potência, o que diz respeito a todo corpo organizado. As partes das próprias plantas são órgãos, ainda que de extrema simplicidade: por exemplo, a folha protege o pericarpo, ao passo que este protege o fruto; as raízes das plantas correspondem às bocas dos animais, porque umas e outras absorvem o alimento. Se for o caso, portanto, de apresentar uma definição geral aplicável a todos os tipos de alma, diremos que esta é *o ato primeiro de um corpo natural organizado*. Assim podemos descartar a questão de se a alma e o corpo constituem uma unidade: seria como se indagássemos se a cera e sua configuração constituem uma unidade, ou (em termos gerais) a matéria de uma coisa e aquilo de que é a matéria. De fato, o uno e o *é* têm muitos sentidos, mas o sentido soberano é o do ato.

---

54. ...ζωήν... (*zoén*).

10 · Eis, portanto, o que é de uma maneira geral a alma: uma substância no sentido de noção, entendida como a essência própria deste ou daquele corpo determinado. Supondo que um instrumento qualquer fosse um corpo natural, digamos o machado, o *ser um machado* seria sua substância formal, e seria isso mesmo sua alma. Se ela viesse a ser dele separada, ele não seria mais um
15 · machado, exceto por homonímia. Mas na realidade trata-se de um machado, pois não é de um corpo desse tipo que a essência própria e a noção são a alma, mas de um corpo natural de um tipo particular, nomeadamente um que possui em si mesmo um princípio de movimento e de repouso.

Na sequência resta aplicar essa teoria às distintas partes do corpo. Supondo que o olho fosse um ser vivo completo, a visão seria
20 · sua alma, pois a visão é a substância do olho no sentido de noção. De fato, o olho é a matéria da visão, e na hipótese da remoção desta não há mais um olho, a não ser por homonímia – não mais do que um olho de pedra numa estátua, ou uma figura pintada. É necessário, então, estender o que vale para uma parte à totalidade do corpo vivo: a relação existente entre a parte, do prisma da forma, e essa mesma parte, do prisma da matéria, é reencontrada entre o todo da faculdade sensitiva e o todo do corpo detentor de sensibilidade tomado como
25 · tal. Devemos compreender, além disso, que não é o corpo que se dissociou da alma que tem potência para viver, mas o corpo que ainda a retém; sementes e frutos são corpos potencialmente desse tipo. Por conseguinte, enquanto a vigília é ato numa acepção que corresponde ao cortar e ao ver, a alma é ato no sentido que corres-
413a1 · ponde à visão e ao poder no instrumento; o corpo corresponde ao que é em potência; tal como a pupila somada à capacidade visual constitui o olho, a alma somada ao corpo constitui o ser vivo.

Disso pode-se claramente depreender que a alma é indissociável
5 · do corpo ou, ao menos, que certas partes suas são, se sua natureza for divisível; de fato, o ato de algumas dessas partes corresponde ao ato dos órgãos correspondentes. No caso de outras partes, porém, há dissociabilidade porque não constituem, de modo algum, os

atos de quaisquer órgãos corpóreos. Restaria determinar se a alma não pode ser o ato do corpo naquele sentido em que o navegador é o ato do navio.

10 ·   Isso deve bastar a título de um esquema e esboço de uma definição para a alma.

2

Visto que o que é claro e mais familiar do ponto de vista do discurso racional surge daquilo que é, em si, obscuro, porém particularmente observável por nós, é necessário que retomemos a discussão sobre a alma com base nesse ponto de vista. Não basta, realmente, contentar-se, no enunciado de uma definição, em
15 · expressar um fato, como ocorre na maioria das definições. É igualmente necessário que a causa também esteja presente e seja exibida. Na realidade, os enunciados de definições apresentam-se sob a forma de conclusões. Se perguntarmos, por exemplo: O que é a quadratura?, a resposta dada será: é a construção de um retângulo equilátero igual a um dado retângulo oblongo. Uma definição assim é simplesmente o enunciado de uma conclusão. Quanto a dizer, ao contrário, que a quadratura é a descoberta de uma média
20 · proporcional, significa expressar a causa relativa à coisa.

Dizemos, portanto – sendo este o ponto de partida de nossa investigação – que o que difere o *animado do inanimado*[55] é o viver. Ora, essa palavra tem sentido múltiplo, bastando que um único sentido de viver seja detectado numa coisa para dizermos que é viva, seja o intelecto, a sensação (percepção), o movimento e repouso lo-
25 · cais, seja o movimento que implica a nutrição, e enfim a decadência e o crescimento. Isso nos leva a conceber as plantas, inclusive, como vivas: constata-se que possuem em si mesmas um poder e

---

55.   ...ἔμψυχον τοῦ ἀψύχου... (*émpsykhon toû ápsykhou*), o que tem alma do que não tem alma.

princípio que as capacita a crescer e decrescer conforme direções contrárias espaciais, isso porque o crescimento não se opera em sentido ascendente excluindo o sentido descendente, mas nos dois sentidos ao mesmo tempo, como também em todos os sentidos. Isso ocorre com tudo o que se nutre regularmente e que vive tanto tempo quanto for capaz de absorver o alimento.

No que se refere aos seres mortais, é possível dissociar a função de nutrição das outras funções, mas não estas da função de nutrição, o que se evidencia nas plantas: não são dotadas de qualquer outra faculdade da alma. É graças à presença desse princípio originário que estamos autorizados a falar de coisas vivas; é, todavia, a posse da sensação que nos faculta a falar de coisas vivas como *animais*, pois mesmo os seres destituídos da capacidade de movimento e locomoção, mas dotados de capacidade de sensação, são chamados por nós de animais, e não simplesmente de coisas vivas.

A função sensorial primária de todos os animais é o tato. Tal como a função de nutrição pode ser dissociada do tato e da sensação em geral, o tato pode ser dissociado dos outros sentidos. Denominamos *faculdade ou função de nutrição* a parte da alma de que participam em comum vegetais e animais; quanto aos animais, observa-se que todos possuem o sentido do tato. A causa desses dois fatos será por nós indicada posteriormente. Presentemente, devemos nos limitar a declarar que a alma é o princípio das funções mencionadas e é caracterizada por elas, nomeadamente: as funções nutritiva, sensorial, pensante e cinética.[56]

Mas cada uma delas é uma alma ou parte de uma alma? Na hipótese de ser uma parte, será uma parte apenas distinguível mediante avaliação racional ou uma parte também distinguível espacialmente? As respostas a essas perguntas são fáceis com referência a certas dessas funções, porém com referência a outras vemo-nos cercados por dificuldades. De fato, certas plantas parecem conservar a vida quando seccionadas, ainda que suas partes estejam sepa-

---

56. Ou seja, de *movimento*.

radas umas das outras, como a indicar que a alma de cada planta individual fosse una em ato, mas múltipla em potência. Notamos a ocorrência do mesmo com relação a outras variedades de alma, nomeadamente com insetos que foram cortados, pois cada segmento preserva tanto a sensação quanto o movimento local; e se preserva a sensação, preserva também a imaginação e o apetite, pois onde há sensação há também dor e prazer, que são necessariamente acompanhados também pelo desejo.

Não dispomos ainda de evidências no que se refere ao intelecto e à faculdade especulativa, mas parece que se trata de um outro tipo de alma, podendo haver exclusivamente aqui separação, como o que é eterno do que é corruptível. No que concerne às outras partes da alma, fica evidente, com base nessas nossas considerações, que não podem ser dissociadas, a despeito de certas afirmações feitas por alguns. Que diferem do ponto de vista do discurso racional é patente: a faculdade sensorial difere essencialmente da faculdade de opinar porque a ação de sentir é diferente da ação de opinar. O mesmo aplica-se a cada uma das outras faculdades ou funções mencionadas. Considere-se, outrossim, que certos animais são detentores simultaneamente de todas essas faculdades, outros, apenas de algumas, ao passo que outros ainda possuem somente uma delas, o que serve de base para a classificação animal. A causa por trás disso será examinada posteriormente. No tocante aos sentidos, ocorre algo análogo: enquanto certos animais são dotados de todos eles, outros possuem somente alguns, e outros, enfim, apenas um, ou seja o mais indispensável, o tato.

Contudo, "aquilo mediante o que vivemos e sentimos" constitui uma expressão que enunciamos com dois sentidos, tal como a expressão "aquilo mediante o que conhecemos" (pelo que se entende ora a ciência, ora a alma, uma vez que é mediante uma e outra – segundo dizemos – que o saber é produzido); analogamente "aquilo mediante o que estamos sadios" (pelo que se entende ora a saúde, ora o corpo em uma de suas partes ou em seu todo). Nesses últimos casos, ciência e saúde, de algum modo, representam a configuração e a forma, ou a noção, ou (se assim o quisermos expressar), um *ato*[57] de uma matéria receptiva – ciência do que é capaz de conhecer, saúde do que é capaz de ser tornado sadio (consideramos, de fato, que é naquele submetido à ação – o paciente afetado pela disposição – que se realiza o *ato* do agente). Ora, a alma é "aquilo mediante o que vivemos, sentimos e pensamos" enquanto princípio primordial, do que se conclui que deve ser noção e forma, e não matéria e substrato.

Como dissemos, a substância pode ser entendida em três sentidos: forma, matéria e o composto de ambas, a matéria sendo potência, enquanto a forma é realização (ato). Ora, visto que o composto é o ser animado, concluímos que não é o corpo que é o ato da alma, mas ao contrário, a alma que é o ato de um dado corpo. Daí o acerto da opinião segundo a qual a alma não pode existir sem um corpo, ainda que não possa ser um corpo: não é um corpo, mas algo relativo a um corpo. Esta é a razão por que está num corpo, e num corpo determinado. Não é concebível, portanto, que façamos como nossos predecessores, que a introduzamos num corpo e a ele a ajustemos, sem precisar de maneira alguma a natureza e a qualidade desse corpo. A experiência mostra, pelo contrário, que uma coisa fortuita não recebe outra coisa fortuita. Ocorre como exigido pela razão: o ato de qualquer coisa dada só pode ser realizado no que já é potencialmente essa coisa, ou seja, numa matéria que é, por sua própria peculiaridade, a ela apropriada. Por conta de tudo isso, evidencia-se que a alma é uma certa realização (ato) e a noção daquilo que é, em potência, aquele ser determinado.

3

COM REFERÊNCIA ÀS FACULDADES DA ALMA INDICADAS, certos seres vivos, como dissemos, estão dotados de todas elas, outros

---

57. ...ἐνέργεια... (*enérgeia*), em contraposição a potência (δύναμις [*dýnamis*]).

possuem apenas algumas delas, e outros, enfim, somente uma. Essas faculdades, como dizíamos, são a nutritiva, a apetitiva,[58] a sensorial, a motriz no espaço e a pensante. Os vegetais só possuem a primeira, a nutritiva, enquanto seres vivos pertencentes a uma outra ordem possuem, além dessa, a faculdade sensorial, o que implica que possuem também a faculdade apetitiva. Na verdade, o apetite inclui concomitantemente o desejo, o ardor e a vontade. Todos os animais possuem ao menos um sentido, o tato, e todo aquele que tem um sentido está capacitado a experimentar prazer e dor e, portanto, seus respectivos objetos (o prazeroso e o doloroso); uma vez esses presentes, esses seres experimentam também o desejo, já que este é o apetite pelo prazeroso. Por outro lado, os animais possuem o conhecimento sensível do alimento, uma vez que o tato é o sentido do alimento. De fato, a alimentação de todos os animais é constituída por substâncias secas e úmidas, quentes e frias, e é o tato o sentido que apreende tais qualidades. Todas as demais qualidades sensíveis são conhecidas apenas acidentalmente, ou seja, são apreendidas pelo tato apenas indiretamente. Sons, cores e odores em nada contribuem para a nutrição, embora os sabores enquadrem-se nas qualidades tangíveis.[59] Fome e sede são desejos – fome, um desejo pelo que é seco e quente; se de, um desejo pelo que é frio e líquido. Quanto ao sabor, é uma espécie de tempero dessas qualidades. Estes pontos serão esclarecidos na sequência. Por ora, restrinjamo-nos a dizer que os animais possuidores do sentido do tato experimentam também apetites. No que toca a saber se possuem imaginação, trata-se de uma questão duvidosa que será examinada mais tarde. Além dessas faculdades, há certos tipos de animais que têm a capacidade de se locomover, e, enfim, outros detentores da faculdade pensante e o intelecto,[60] que é o caso do ser humano e

---

58. ...ὀρεκτικός... (*orektikós*), não incluída em 413b13.
59. Aristóteles não distingue aqui o paladar do tato, considerando o primeiro um tipo do segundo.
60. ...διανοητικόν τε καὶ νοῦς... (*dianoetikón te kai noûs*).

de qualquer outro ser, possivelmente existente, de condição análoga ou superior à humana.

20 · A conclusão evidente é que será necessário haver uma só definição de alma tal como há uma só definição de figura [geométrica]. De fato, nesse caso não há figura à parte do triângulo e de seus derivados, como no primeiro não há alma à parte dos tipos cujo elenco apresentamos. É de supor que se possa apresentar para figura uma definição comum que se ajustará a todas as figuras sem que, entretanto, expresse a natureza que é própria a qualquer figura. O 25 · mesmo aplica-se à alma e suas formas específicas. Daí o ridículo aqui presente, bem como em casos similares, que consiste em buscar uma *definição comum* que não venha a expressar a natureza peculiar de *alguma coisa que é* e que não se aplique à espécie indivisível própria, e não buscar uma definição aplicável. Há paralelismo entre o caso da figura e aquele da alma. Quer se trate de figuras, quer se trate 30 · de seres animados, o termo posterior sempre encerra em potência o termo anterior. Citemos como exemplo o quadrilátero que encerra o triângulo e a faculdade (função) sensorial que encerra a faculdade (função) de nutrição. É necessário, portanto, indagar, no caso de cada tipo de ser vivo, que alma lhe é peculiar, ou seja, qual é a alma própria aos vegetais, ao ser humano, aos animais irracionais. Será objeto de nossa investigação na sequência a causa de se dispor 415a1 · as diferentes almas assim em série. De fato, a faculdade sensorial estaria ausente se não houvesse a faculdade da nutrição; em contrapartida, a faculdade da nutrição está isolada da faculdade sensorial nas plantas. Analogamente, nenhum sentido existe separadamente 5 · do tato, ao passo que este existe separadamente dos demais sentidos. Muitos animais não possuem nem visão, nem audição, nem olfato. Por outro lado, entre os animais dotados de sentidos, alguns têm capacidade de locomoção, enquanto outros não. Finalmente, certos animais – uma modesta minoria – possuem a capacidade do raciocínio e do discurso racional.[61] De fato, os seres perecíveis capa-

---

61. ...λογισμὸν καὶ διάνοιαν... (*logismòn kaì diánoian*).

zes de raciocínio gozam igualmente de todas as demais faculdades. Entretanto, os seres possuidores de somente uma ou outra dessas últimas não são dotados todos de raciocínio; outros não possuem sequer a imaginação, ao passo que outros vivem exclusivamente da imaginação. Quanto à inteligência especulativa,[62] trata-se de uma outra questão.

Está claro que o melhor modo de apresentar a mais adequada definição da alma consiste em descobrir a mais adequada definição para cada uma de suas faculdades particulares.

4

SE NOS PROPOMOS A INVESTIGAR essas faculdades da alma, é necessário que determinemos o que cada uma é; em seguida estudar-se-á as propriedades que lhe dizem respeito e que lhe estão subordinadas, o que constitui todo o resto. Entretanto, a determinação do que é cada uma dessas faculdades – a saber, o que é a faculdade pensante, a faculdade sensorial ou a faculdade da nutrição – requer antecipadamente a determinação do que é o pensar ou o que é o sentir; com efeito, atos e ações[63] são logicamente (ou seja, do ponto de vista da definição) anteriores às potências. Se assim é, e se antes da investigação dos atos é necessário proceder ao estudo de seus objetos, por idêntica razão primeiramente trataremos da determinação destes; por objetos correlativos desses atos entendo o alimento, o sensível e o inteligível. Assim, cabe-nos tratar em primeiro lugar da nutrição e da geração.

Sendo encontrada a alma nutritiva em todos [os seres vivos além do ser humano], e constituindo, entre as faculdades da alma,

---

62. ...θεορητικοῦ νοῦ... (*theoretikoû noû*).
63. ...ἐνέργειαι καὶ αἱ πράξεις... (*enérgeiai kaì hai práxeis*).

25 · a primordial e mais comum, é através dela que a vida é conferida a todos os seres animados. São suas funções a geração e a nutrição. De fato, a mais natural das funções que dizem respeito a um ser vivo perfeito, que não é incompleto ou cuja geração não é espontânea, é produzir um outro ser vivo semelhante a ele, um animal produzindo um animal, um vegetal produzindo um vegetal, para que haja, tanto quanto possível, uma participação no eterno e no divino. Essa é a meta em que se empenham todos os seres, aquilo em favor de que
415b1 · realizam seja o que for que sua natureza possibilite (a expressão *em favor de que*[64] encerra duplo sentido: significa tanto o próprio fim a ser atingido quanto aquilo em cujo interesse o fim é perseguido). Como é impossível congregar com o eterno e o divino ininterruptamente, visto que nada que é perecível pode preservar sua unidade
5 · e identidade, é no grau da capacidade de participação neles de cada ser que ocorre a congregação, para um mais, para outro menos, de maneira variável; e se há permanência do ser [nessa congregação com o eterno e o divino], é através de seu semelhante, não através dele mesmo em sua unidade individual, mas na unidade da espécie.[65]

Para o corpo vivo, a alma é causa e princípio. Estas palavras
10 · comportam múltiplos sentidos.[66] Mas a alma é causa do corpo nos três sentidos reconhecidos explicitamente por nós. É a fonte do movimento, o *em favor de que* no seu sentido de fim, e é também como substância formal (essência) dos corpos animados que a alma é causa. Que é substância formal (essência) é evidente, já que a causa do ser no que concerne a todas as coisas é a substância formal. Ora, viver é, no que se refere aos seres vivos, o seu próprio ser, e a causa e o princípio desses seres vivos é a alma. Por outro lado, o ato de todo ser em potência é idêntico à sua forma.

15 · Evidencia-se igualmente que a alma é a causa final. A natureza, tal como o intelecto, atua sempre visando a um fim (em favor de

---

64. ...ἕνεκα... (*héneka*).
65. Ver *Da geração e corrupção*, II, 10, e *Da geração dos animais*, II, 1.
66. Ver *Metafísica*, Livro V, 2 e 1.

alguma coisa). O que desempenha essa função no caso dos seres vivos, em conformidade com a natureza, é a alma. Na verdade, todos os corpos naturais são simplesmente instrumentos da alma, quer os dos animais, quer os dos vegetais. Isso demonstra que aquilo *em favor do que* eles são é a alma. A expressão *em favor de que* encerra duplo sentido, a saber, tanto o de fim a ser atingido quanto daquilo em cujo interesse esse fim é perseguido.[67]

A alma é também princípio original da locomoção. Entretanto, nem todos os seres vivos possuem essa faculdade. Quanto à alteração e ao crescimento, também se devem à alma. De fato, a sensação parece ser uma alteração qualitativa, e nenhum ser, exceto o animado, dispõe da faculdade sensorial. O mesmo vale para o crescimento e a decadência: não é possível que um ser decresça ou cresça na natureza sem nutrir-se, e nada se nutre se não tiver uma parcela de vida em si.

Empédocles equivocou-se ao explicar que o crescimento das plantas procede-se em sentido descendente, através do desenvolvimento das raízes, aduzindo como razão que a terra tende naturalmente nesse sentido, enquanto o crescimento dos galhos em sentido ascendente seria explicado pelo movimento ascendente análogo do fogo. Na verdade, Empédocles confunde-se a respeito do ascendente e do descendente, pois estes não são os mesmos para todos os seres e para o universo; de fato, se é correto identificar os órgãos segundo suas funções, a cabeça corresponde, nos animais, ao que são as raízes para os vegetais.[68] Além disso, teríamos que indagar o que mantém unidos o fogo e a terra como elementos que tendem a se mover em direções opostas. Seriam separados se nada houvesse que a eles se opusesse. Mas na hipótese de um tal princípio existir, seria necessariamente a alma, causa do crescimento e da nutrição. A propósito, alguns sustentam que o elemento fogo é a causa da nutrição e do crescimento, pois somente ele entre

---

67. Repetição quase textual de 415b1.
68. Ver *Da investigação sobre os animais*, II, 1, *Da marcha dos animais*, 4, e *Da juventude e da velhice. Da vida e da morte*, 1.

os corpos ou[69] os elementos alimenta-se e produz o crescimento de si mesmo. Isso nos autorizaria a pensar que tanto para os vegetais quanto para os animais seria o fogo o princípio ativo. Se é, de fato, num certo sentido causa concomitante, com certeza não é causa em sentido absoluto, papel que, pelo contrário, é da alma. De fato,
15 · se o crescimento do fogo ocorre indefinidamente enquanto é abastecido de combustível, em todos os seres cuja formação é obra da natureza, observamos um limite e uma proporção quer do tamanho, quer do crescimento, determinações que constituem marcas da alma e não do fogo, pertencendo mais à noção do que à matéria.

Considerando que é a mesma faculdade da alma que simultanea-
20 · mente garante a nutrição e a geração, é necessário tratar primeiramente da nutrição, pois é através dessa função [de absorção do alimento] que essa faculdade da alma é distinguida de todas as demais.

Segundo a opinião corrente, é o contrário que serve de nutrição ao contrário, não querendo isso dizer que todo contrário serve de alimento a todo contrário, ou seja, que em todo par de contrários um é alimento do outro em reciprocidade. Para ser alimento é não só necessário que o contrário seja transformável no outro e o outro nele, como também ao se transformar deve aumentar o volume do outro. Muitas coisas contrárias, de fato, engendram-se pela trans-
25 · formação mútua, mas nem todas são quantitativas, como ocorre na saúde que se segue à enfermidade. Está claro também que nem sequer esses contrários constituem alimento mútuo exatamente em sentido idêntico: embora a água seja o alimento do fogo, este não é o alimento da água. É entre os corpos simples que os contrários parecem ser um o alimento, o outro o corpo alimentado.

Aqui nos defrontamos, porém, com uma dificuldade devido à
30 · divergência que separa *uns* que sustentam que o semelhante nutre-se do semelhante, o mesmo valendo para o crescimento, e *outros* [como dissemos,] que defendem a opinião oposta, sustentando que é o contrário que nutre o contrário, pois o semelhante não poderia

---

69. ...τῶν σωμάτων ἤ... (*tôn somáton é*): excluído por Ross.

ser submetido à ação do semelhante. Ora, o alimento é transformado e digerido, e em todos os casos a transformação processa-se na direção do que é contrário ou do meio termo. Ademais, o alimento sofre uma certa ação da parte da coisa alimentada, enquanto esta não sofre nenhuma ação da parte da nutrição. O carpinteiro não sofre nenhuma ação produzida pela matéria,[70] sendo esta que sofre a ação dele. A única transformação conhecida pelo carpinteiro é a da passagem da inação para a atividade. Para resolvermos essa questão é importante sabermos se entendemos por alimento o produto acabado ou o produto bruto.

Se em ambos os casos o alimento está presente, ou seja, não digerido no segundo, enquanto digerido no primeiro, estaremos autorizados a entender a nutrição nas duas opiniões antagônicas: considerando o alimento como não digerido, o contrário nutrir-se-ia do contrário; considerando-o digerido, o semelhante nutrir-se-ia do semelhante. Consequentemente, fica patente que no que diz respeito a isso, uns e outros desses pensadores incorrem ao mesmo tempo no acerto e no erro. E uma vez que nada, salvo o que é vivo, pode ser nutrido, o nutrido é o corpo animado. O alimento está essencialmente relacionado ao ser animado, e não por acidente.

O alimento possui um poder distinto do poder de aumentar o volume daquilo que é por ele alimentado. Quando o ser animado possui quantidade, o alimento constitui fator de crescimento, podendo promover a quantidade; quando, diferentemente, é indivíduo concreto e substância, o alimento é nutrição; na verdade, o alimento conserva o ser do que é alimentado, o que subsiste enquanto dura o processo de nutrição. Além disso, o alimento é também o agente da geração –, não do ser individual que se nutre, mas de um ser semelhante a ele que é reproduzido; a substância do ser individual que se nutre já existe – nenhum ser gera a si mesmo, apenas preserva-se. Assim, esse princípio da alma tal como acabamos de descrevê-lo é uma faculdade capaz de conservar o ser que a recebe

---

70. Ou seja, a madeira.

tal como é, o alimento contribuindo para a ação do princípio. Assim, sem nutrição, o ser deixa de existir.

20 · O processo de nutrição implica três fatores, a saber, o que é nutrido, aquilo de que é nutrido, e o que realiza a nutrição. Desses fatores, o último é a alma primária,[71] o que é nutrido é o corpo e aquilo de que é nutrido é o alimento. Por outro lado, como é acertado designar todas as coisas em conformidade com o fim que cumprem e, visto que o fim nesse caso é engendrar um ser semelhante
25 · a si, dizemos que a alma primária é a alma geradora e reprodutora de um ser semelhante. A expressão *aquilo de que é nutrido* tem tanto duplo sentido quanto a expressão *aquilo pelo que se pilota*, a qual pode indicar ao mesmo tempo a mão e o leme, ou seja, o que é motriz e movido (a mão) e o que é apenas motriz. Ora, é necessário que todo alimento seja digerível; e o que produz a digestão é o calor, razão pela qual tudo que tem alma possui calor.
30 · Apresentamos um esboço explicativo sobre a natureza do alimento. Esclarecimentos mais detalhados devem ser dados posteriormente em tratados apropriados.[72]

5

UMA VEZ ESTABELECIDAS ESSAS DISTINÇÕES, devemos agora abordar a sensação no seu sentido mais amplo. Como já antecipamos, a *sensação*[73] consiste em ser movido e sofrer ação de origem

---

71. ...πρώτη ψυχή... (*próte psykhé*).
72. Desconhecemos exatamente a quais tratados Aristóteles se refere. Possivelmente alude a tratados que não chegaram a nós, ou mesmo que não foram sequer escritos. De qualquer maneira, o tratado de que dispomos mais pertinente à questão em pauta é o *Da geração dos animais*.
73. ...αἴσθησις... (*aísthesis*) é a faculdade de *perceber* através dos *sentidos*, daí a intercambialidade, alternância e/ou somatória inevitáveis na língua portuguesa dos pares percepção/sensação, perceber/sentir, perceptível/sensível etc.

externa; é considerada como um tipo de alteração qualitativa. De fato, alguns pensadores sustentam que o semelhante sofre a ação do semelhante. Em que sentido isso é possível ou impossível foi objeto de nosso tratado sobre o agir e o sofrer em geral.[74]

Mas encaramos aqui uma dificuldade: por que não percebemos os próprios sentidos, ou por que na ausência do estímulo de objetos externos não produzem sensação se encerram em si próprios fogo, terra e todos os demais elementos dos quais – quer em si mesmos, quer em relação aos seus atributos acidentais – há percepção? A resposta evidente a isso seria que o perceptível não é em ato, mas apenas em potência. A faculdade sensorial é paralela ao que é combustível, que nunca se inflama espontaneamente, exigindo um agente capaz de desencadear a ignição; se não fosse assim, ele se inflamaria a si mesmo e prescindiria do fogo em ato para inflamá-lo.

Emprega-se a palavra *perceber* em dois sentidos; de fato, dizemos que aquilo que tem potência de ouvir ou ver, "ouve" ou "vê" ainda que esteja momentaneamente adormecido, e também que o que está ouvindo ou vendo em ato, "ouve" ou "vê". Consequentemente, sensação também deve ter duas acepções, a saber, ora sensação em potência, ora sensação em ato. Analogamente, o mesmo vale para perceber, que significa ou ter uma certa potência ou manifestar um certo ato. Comecemos nossa exposição como se sofrer ação, ser movido e agir fossem uma única e mesma coisa. Como afirmamos em outra parte,[75] o movimento é um certo ato, não obstante inacabado. Tudo sofre ação e é movido pelo agente em ato. É por isso que num certo sentido é submetido à ação do semelhante que o semelhante sofre ação; num outro sentido, é submetido à ação do dessemelhante, como já dissemos: o que sofre ação é o dessemelhante, mas quando a sofreu ele é semelhante.

São necessárias novas distinções no tocante à potência e à realização (ato). Tratamos no momento com simplicidade desse tópico,

---

74. *Da geração e corrupção.*
75. *Física*, Livro III, 2, 201b31-32.

sem entrar em minúcias. Pode-se falar de um ser como conhecedor *quer* quando dizemos que um ser humano é conhecedor, entendendo que ele pertence à classe dos seres cognoscentes e que possuem o conhecimento, *quer* quando nos referimos a um ser humano que possui realmente o conhecimento do ler e escrever. Cada um deles possui uma potência, mas não do mesmo modo. O primeiro a possui no sentido de que seu gênero ou matéria é este ou aquele, o segundo no sentido de que é capaz de especulação, quando o desejar, na hipótese de não haver um obstáculo externo que o detenha. Enfim, há o caso daquele que já se encontra especulando: ele é um conhecedor em ato e conhece no mais pleno sentido, por exemplo, que isso é A. Portanto, os dois primeiros são conhecedores em potência: o primeiro realiza sua potência mediante uma alteração qualitativa, nomeadamente passando reiteradamente, graças ao estudo, de um estado para seu oposto; o segundo realiza sua potência diversamente, passando da simples posse do sentido ou da gramática (ler e escrever) para o próprio exercício.

A expressão *sofrer ação*[76] não é uma expressão simples, mas de múltipla acepção. Numa acepção, indica uma forma de destruição sob a ação do contrário; numa outra, significa, em lugar disso, a preservação do ser em potência graças ao ser em ato e a ele semelhante da mesma maneira que a potência em relação ao ato. De fato, o que meramente possui conhecimento especulador converte-se num conhecedor em ato mediante uma transição que ou não é, de modo algum, uma alteração sua (sendo, na verdade, um desenvolvimento do ser em si mesmo e rumo ao seu ato), ou é uma alteração de um tipo inteiramente distinto. Assim, não é correto afirmar que o indivíduo inteligente é submetido a uma alteração quando serve-se de sua inteligência, tal como seria incorreto afirmar que é o que ocorre com um construtor quando constrói. A conclusão é que não cabe ao agente responsável pela passagem

---

76. ...πάσχειν... (*páskhein*), correspondente ao substantivo πάθος (*páthos*), em Aristóteles a categoria da paixão, que se contrapõe a πρᾶξις (*práxis*), a categoria da ação.

ao ato do que está em potência, no que se refere ao ser pensante e inteligente, o nome *ensinamento*, mas uma outra denominação; no que diz respeito ao ser que, partindo da mera potência, aprende e absorve o conhecimento procedente do ser em ato e dotado de capacidade docente, seria correto dizer *ou* que não sofre ação ele
15 · tampouco, *ou* que há dois tipos de alteração, a saber, a mudança para disposições negativas, ou seja, de privação e a mudança para estados positivos e a natureza da coisa.

No caso do ser possuidor de sensibilidade, a primeira mudança é produzida pelo genitor e ocorre anteriormente ao nascimento, de modo que, quando é engendrado, no tocante à sensação, encontrar-se-á doravante de posse dela num estágio que corresponde à posse de um conhecimento. Quanto à sensação em ato, corresponde ao estágio do exercício do conhecimento; aqui deve-se atentar para a
20 · diferença de que, comparadas as duas situações, no primeiro caso os agentes do ato são externos, a saber, o visível, o audível e os demais sensíveis. A causa disso é que a sensação em ato apreende as coisas particulares, ao passo que o conhecimento apreende as universais, estando estas, num certo sentido, na própria alma. É por isso que o ato do pensar depende da vontade do indivíduo, que pensa quando deseja pensar, enquanto a sensação não depende dele, sendo neces-
25 · sário apenas que o sensível esteja presente. Algo semelhante deve ser afirmado com relação ao nosso conhecimento do que é sensível e com o mesmo fundamento, a saber, que os objetos sensíveis são individuais e externos.

Haverá um ensejo apropriado para fornecer esclarecimentos
30 · a respeito disso. De momento, convém que nos atenhamos a pontos precisos como: a expressão *ser em potência* não é simples, mas apresenta multiplicidade de acepção; de fato, ora dizemos que o menino é em potência general, ora dizemos o mesmo com relação ao adulto. Esse segundo exemplo ilustra a acepção que se aplica
418a1 · à faculdade sensorial. Entretanto, pelo fato dessas duas distintas acepções não contarem com nomes distintos, tendo nós ressaltado que se distinguem e de que modo, vemo-nos obrigados a empregar

as expressões "sofrer ação" e "ser alterado" como se fossem nomes apropriados. No que tange à faculdade sensorial, como já dissemos, é em potência como o sensível já é em ato, ou seja, enquanto no
5 · início do processo de sofrer ação os dois fatores que interagem são dessemelhantes, no desfecho do processo o fator que sofreu ação é assimilado ao outro, passando a ser qualitativamente idêntico a ele.

6

AO NOS OCUPARMOS DE CADA SENTIDO, é necessário examinarmos primeiramente os sensíveis (ou seja, os objetos perceptíveis por cada um). O sensível (objeto do sentido) abrange três tipos de objetos: dois tipos são do sensível ou perceptível por si mesmo e o
10 · terceiro é o do sensível (perceptível) somente acidental. Dos dois primeiros tipos de sensível, um é característico de cada sentido, ao passo que o outro é comum a todos. Chamo de *sensível característico* o que não pode ser percebido por um outro sentido exceto aquele de que é característico e que não apresenta qualquer possibilidade de erro: neste sentido, a cor é o sensível (objeto perceptível) característico da visão; o som, o da audição; o sabor, o do paladar. O tato tem por objetos sensíveis diversas qualidades distintas. Ao menos, cada
15 · sentido discerne um tipo de objeto e jamais se engana em discernir entre cor ou som; e se ele se engana não é com referência à cor ou ao som, mas ao que diz respeito à natureza ou ao lugar do objeto colorido ou objeto sonoro. Os sensíveis desse tipo são classificados como *característicos* de cada sentido. Os *sensíveis comuns* são o movimento, o repouso, o número, a figura e a magnitude, que não são característicos de nenhum sentido exclusivo, mas comuns a todos. Entretanto, o tato pode perceber certos movimentos, o mesmo ocorrendo com a visão.

20 · Fala-se de *sensível acidental* quando por exemplo o branco que se vê é o filho de Diares: neste caso, porque ser o filho de Diares

é acidental ao branco percebido, se diz do filho de Diares que é acidentalmente percebido. A razão também é porque o sujeito que percebe não sofre nenhuma ação da parte do sensível por acidente tomado como tal. Entre os sensíveis (objetos perceptíveis) em si mesmos, são os sensíveis característicos os sensíveis propriamente
25 · ditos, e é por referência a eles que a essência de cada sentido é determinada na natureza das coisas.

7

O OBJETO DA VISÃO É O VISÍVEL. Este é ao mesmo tempo a cor e um certo tipo de objeto passível de ser descrito verbalmente, mas que carece de um nome, sendo que o que queremos dizer se mostrará muito claro principalmente pelo conteúdo da sequência. O visível é a cor, sendo esta [,por assim dizer,] o revestimento super-
30 · ficial dos objetos que são visíveis por si; não quero dizer *por si* na acepção lógica mas naquela de o objeto possuir em si a causa de sua
418b1 · visibilidade. Toda cor desencadeia o movimento do transparente em ato, e esse poder constitui sua própria natureza. É por isso que sem luz a cor não é visível e é somente com a presença da luz que se vê a cor de todo objeto. Por conseguinte, devemos principiar por dizer o que é a luz.

Há algo que é o transparente, e por transparente entendo o que
5 · é visível sem absolutamente o ser por si, mas, ao contrário, devendo sua visibilidade a uma cor emprestada de uma outra coisa. É o caso do ar, da água e de muitos corpos sólidos. Tanto o ar quanto a água não são transparentes por serem ar ou água; sua transparência é devida ao fato de conterem cada um uma certa natureza idêntica em ambos, e que também é encontrada no *corpo superior eterno*.[77]
10 · A luz é o ato dessa natureza – para sermos precisos, o ato do que

---

77. Ou seja, o *éter*. Ver *Do céu*, I, 3, 270b20.

é transparente *enquanto* transparente. Mas onde o transparente é somente em potência encontra-se também a escuridão. A luz é, por assim dizer, a cor do transparente quando este está em ato devido à ação do fogo ou de um elemento semelhante ao corpo da região superior; de fato, o fogo também encerra uma propriedade idêntica a essa natureza que mencionamos.

Está explicado o que são o transparente e a luz, ou seja, [em termos negativos] a luz não é nem o fogo, nem qualquer tipo em geral de corpo, nem sequer um eflúvio de um corpo qualquer (visto que mesmo neste caso ela seria um corpo) – é, sim, a presença no transparente do fogo ou de um elemento que lhe é semelhante; [certamente não é um corpo] posto que dois corpos não podem simultaneamente ocupar o mesmo lugar.

Pensa-se também que a luz é o contrário da escuridão, mas esta é a privação (ausência) da determinação no transparente do correspondente estado positivo, com o que se evidencia que a presença dessa determinação constitui a luz.

É errônea a opinião de Empédocles (e de quaisquer outros que a hajam professado), de que a luz se propagaria e se estenderia num dado momento entre a Terra e a região periférica, sem que esse movimento fosse por nos observável. Essa opinião contraria tanto a patente evidência da razão quanto a evidência dos fatos observados: se envolvesse uma curta distância, o fato poderia nos passar desapercebido, mas que passe desapercebido entre o levante e o poente já é uma hipótese que exige demais de nossa capacidade de crer.

O que é capaz de receber cor é o incolor e o que é capaz de assimilar o som é o destituído de som; o que é incolor abrange o que é transparente bem como o que é invisível ou precariamente visível, que o que parece ser o escuro. Este último caso enquadra--se no que é transparente, não quando é transparente em ato, mas quando o é em potência: trata-se, de fato, da mesma natureza que é ora escuridão, ora luz.

Nem todas as coisas visíveis dependem da luz para sua visibilidade. Isso somente se aplica à cor própria de cada uma. Na verdade,

certos objetos não são visíveis com a presença da luz, ao passo que na escuridão produzem um estímulo sensorial. É o caso dos corpos que têm aparência ígnea e reluzente (para os quais não há um nome comum), mas dos quais são exemplos o agárico (cogumelo), o chi-
5 · fre, a cabeça dos peixes, as escamas e os olhos; contudo, nenhum desses corpos nos permite entrever sua própria cor. Quanto à causa de se ver esses objetos na escuridão, é uma outra questão.

De momento, ao menos é evidente que aquilo que se vê na presença da luz é a cor. Assim não a vemos sem luz, uma vez que
10 · sua essência consiste em pôr em movimento o transparente em ato, e o ato do transparente é precisamente luz. Temos uma prova patente disso no fato de que se colocarmos o objeto colorido sobre o próprio órgão da visão, não será possível vê-lo. O fato é que a cor põe em movimento o transparente, por exemplo, o ar, e este, por
15 · sua vez, transmite movimento ao órgão sensorial com o qual está em contato. Demócrito equivoca-se ao exprimir a opinião de que, se o espaço intermediário fosse vazio, poder-se-ia ver distintamente uma formiga na abóbada celeste. Na realidade, isso é impossível, pois o ver é produzido porque o órgão sensorial é afetado, e ele não pode ser afetado pela própria cor vista. Consequentemente deve ser
20 · afetado pelo que é intermediário. Conclui-se pela necessidade de algo intermediário. Na hipótese de se produzir o vazio, bem longe de se ver com nitidez, não se veria absolutamente nada.

Fica assim esclarecida a causa de não ser possível ver a cor de outro modo senão com a presença da luz. O fogo, porém, pode ser visto tanto na escuridão quanto com a presença da luz, o que não poderia ser diferente, uma vez que é graças à ação do fogo que o transparente em potência converte-se em transparente em ato. A
25 · mesma explicação vale igualmente para o som e o cheiro. De fato, nem um nem outro produz a sensação mediante o contato com o órgão sensorial, mas é sob a ação do cheiro e do som que aquilo que é intermediário é movido, movendo, por seu turno, os órgãos correspondentes. Se, em contrapartida, instala-se o objeto audível ou odoro sobre o próprio órgão sensorial, nenhuma sensação

será produzida. A despeito das aparências em contrário, o mesmo ocorre com relação ao tato e ao paladar, a razão disso sendo esclarecida na sequência. O veículo intermediário sonoro é o ar, ao passo que o olfativo carece de nome particular, mas correspondendo ao transparente no que se refere à cor, há uma propriedade presente no ar e na água que serve de veículo intermediário para o que é odor. De fato, até mesmo os animais aquáticos são dotados do sentido do olfato. Quanto ao ser humano e aos demais animais terrestres que respiram, o olfato só lhes é possível associado à respiração. Também a causa disso será explicada posteriormente.

8

TRATEMOS AGORA PRIMEIRAMENTE DO SOM E DA AUDIÇÃO. O som deve ser concebido em dois sentidos, a saber, o som em ato e o som em potência. Há coisas, como dizemos, que não têm som, das quais são exemplos a esponja, a lã; outras são sonoras, das quais constituem exemplos o bronze e em geral todas as coisas duras e lisas, as quais são capazes de produzir um som, isto é, são capazes de emitir, no veículo intermediário entre si mesmas (o objeto sonoro) e a audição, um som em ato.

O som em ato produzido é sempre a ação de alguma coisa, em relação a alguma coisa e em alguma coisa. Na verdade esse som é gerado por um impacto. Daí a impossibilidade de um corpo isolado produzir um som: o objeto que bate e o que é batido são distintos. Consequentemente, o objeto que gera o som somente o gera na relação com alguma outra coisa. Por outro lado, o impacto não ocorre sem deslocamento, ou seja, movimento de um lugar para outro.

Mas como afirmamos, nem todos os corpos podem produzir som mediante a relação recíproca de impacto. O impacto na lã não produz som algum, enquanto aquele no bronze ou nos corpos lisos e ocos produz. O bronze produz um som quando recebe um impacto porque é liso, ao passo que os corpos ocos, devido à repercussão, produzem diversos impactos em decorrência do primeiro, o ar originalmente movido não podendo escapar da concavidade.

Ademais, ainda que menos nitidamente, no ar e na água. No entanto, a causa principal do som não é nem o ar nem a água. O que é necessário para a produção do som é o impacto de dois corpos sólidos um contra o outro e contra o ar. A realização desta última condição é possibilitada quando o ar oferece resistência ao impacto e não se dissipa. Essa é a razão porque, quando o impacto é súbito e violento, o ar ressoa, pois na verdade é necessário que o movimento de percussão seja mais veloz do que a dissipação do ar, como se quiséssemos golpear um monte ou um remoinho de grãos de areia animados por um célere movimento.

Quanto ao eco, é produzido sempre que uma massa de ar, tendo sido formada, tolhida e o ar nela presente impedido de dissipar-se pelas paredes de contenção do recipiente, o ar repercute a partir dessa massa como uma bola ressalta a partir de uma parede. É provável que ocorra eco sempre que o som é produzido, ainda que frequentemente seja ouvido apenas indistintamente. O mesmo acontece no caso da luz. De fato, a luz é sempre refletida, mesmo porque se assim não fosse não se difundiria e a escuridão reinaria fora do espaço diretamente iluminado pelo sol. Tal luz refletida, porém, nem sempre apresenta suficiente intensidade, como a apresentada no caso em que é refletida da água, do bronze e de quaisquer outros corpos lisos, para projetar uma sombra, que é o que comumente caracteriza a luz.

É com acerto que se considera o vazio como a principal causa da audição. As pessoas em geral julgam que o vazio é ar, e de fato é o ar que produz a audição quando é posto em movimento como uma massa compacta. Mas em função de sua inconsistência, o ar não ressoa, salvo se o objeto atingido não for liso. Neste caso, ele forma uma massa única, inclusive com o auxílio da superfície do objeto, uma vez que a superfície de um objeto liso é una.

É sonoro, portanto, o que é capaz de mover uma única massa contínua de ar até o órgão auditivo. Este órgão está naturalmente junto a uma massa de ar e, devido a essa situação (estar no ar), toda
5 · vez que o ar externo é movido, o ar interno, por seu turno, se move. É por essa razão que o animal não escuta através de todas as partes de seu corpo, bem como nem todas as partes admitem o ingresso do ar; de fato, nem sequer a parte que pode ser movida e ressoar contém ar em todos os seus pontos. O ar, ele próprio, dada sua inconsistência (facilidade para dissipar-se), é um elemento inteiramente destituído de som; quando, porém, sua dissipação é barrada, seu movimento
10 · produz som. O ar presente na orelha está encerrado numa câmara exatamente para impedir esse movimento de dissipação, de sorte que se possa captar com precisão a totalidade das variações de movimentos. Eis a razão de ouvirmos mesmo dentro da água, a saber, porque a água não alcança a câmara de ar, ou mesmo, devido ao ouvido interno, o ouvido externo. Se isso ocorre, não se ouve mais, o mesmo acontecendo no caso de lesão da membrana do tímpano, tal como não se vê mais se houver lesão da membrana que protege a
15 · pupila. Na verdade, constitui um sinal de estarmos ou não ouvindo o fato de ouvido sadio zumbir continuamente, um som comparável ao de um corno, isto porque o ar dentro do ouvido produz sempre um movimento próprio; o som ouvido por nós é sempre de uma outra coisa, e não aquele pertencente ao próprio órgão auditivo. Isso explica porque costumamos dizer que ouvimos graças ao vazio e ao que ecoa, uma vez que de fato escutamos graças a uma câmara que encerra uma determinada massa de ar.

20 · Qual é o corpo responsável pela emissão do som? O que recebe o impacto ou aquele que o aplica? Não seria tanto um quanto outro, porém de maneira diferente? O som é um movimento daquilo que é capaz de repercutir a partir de uma superfície lisa quando a atinge. Como já o dissemos, nem todas as coisas produzem som quando provocam um impacto ou o recebem, por exemplo, uma agulha que

se choca com outra. O que se faz necessário é que o objeto atingido seja plano, para que o ar repercuta e vibre como uma só massa.

As diferenças ocorridas entre os sons mostram-se no som em ato. Realmente, do mesmo modo que não se vê as cores na ausência da luz, na falta do som não se pode captar nem o *agudo* nem o *grave*. Estes termos são utilizados aqui metaforicamente partindo das qualidades tácteis; é realmente constatável que o agudo move o sentido num tempo curto, mas muito, enquanto o grave o faz num longo tempo, mas pouco. Não se trata de afirmar que o agudo é rápido e o grave é lento, mas dizer que num caso é graças à rapidez que o movimento produzido é o que é, enquanto no outro caso é graças à lentidão. O que parece é haver uma certa analogia entre o agudo ou grave para a audição e o agudo ou embotado para o tato: o que é agudo, por assim dizer, produz uma espécie de picadura, enquanto o que é embotado, uma espécie de impulso, porque um produz movimento num curto tempo, enquanto o outro, num tempo longo, de modo que um é rápido, ao passo que o outro é lento.

No que respeita ao som, bastam essas considerações. Quanto à voz, é um som emitido pelo ser animado. Nenhum dos seres inanimados possui voz, sendo apenas por similitude que dizemos a "voz" da flauta, da lira ou de todos os outros apêndices inanimados habilitados a produzir *registro, melodia e linguagem*.[78] Essa similitude parece nascer do fato de a própria voz conter esses elementos diferenciais. Entretanto, muitos animais não são dotados de voz, do que constituem exemplos os não sanguíneos e, entre os sanguíneos, os peixes. Nada há de irracional nisso, na suposição de que o som inarticulado seja um certo movimento do ar. No que toca aos peixes, como aqueles de Aquelos,[79] aos quais nos referimos como se tivessem voz, é porque produzem som por meio de suas brânquias ou outros órgãos semelhantes.

---

78. Ross: *[...] uma sucessão de notas variáveis em duração, diapasão e timbre [...]*.
79. Nome de um rio.

A voz é, portanto, o som que um animal emite, mas não mediante qualquer parte do corpo, mas mediante um órgão especial. Realmente, porquanto todo som é produzido graças ao impacto de alguma coisa contra alguma coisa e em alguma coisa (isto é, no ar), conclui-se que exclusivamente os seres que absorvem ar em si mesmos possuem voz. Aspirado o ar, a natureza o emprega com duas finalidades, tal como emprega a língua para a função gustativa e a função de articular a linguagem, a primeira dessas sendo necessária (e por isso largamente distribuída), enquanto a segunda (a da linguagem articulada) visa ao bem-estar do indivíduo. É assim que a natureza utiliza a respiração tanto para manter o calor interno indispensável à vida quanto para produzir a voz, no interesse do bem-estar do vivente. O órgão da respiração é a laringe e o órgão ao qual ela serve como meio é o pulmão, graças ao qual os animais terrestres possuem a temperatura interna de seus corpos mais elevada do que os outros. Mas a respiração é necessária, acima de tudo, à região que circunda o coração: assim é indispensável que o ar aspirado penetre o interior do animal.

Consequentemente, o impacto do ar aspirado contra a traqueia-artéria, produzido pela alma que anima essas regiões do corpo, constitui a voz. Mas como já dissemos, nem todo som emitido pelo animal é voz (de fato, mesmo com a língua podemos produzir ruídos que não são voz, ou meramente tossir). O que se faz necessário é o ser que produz o impacto ser animado e proceder a algum ato de imaginação, ou seja, uma representação, visto que a voz é seguramente um som carregado de significado, não se limitando a ser um mero ruído produzido simplesmente pelo ar aspirado, como é o caso da tosse. No caso da voz, emprega-se o ar aspirado como instrumento para chocar o ar presente na traqueia-artéria contra as paredes desta. Isso é corroborado pelo fato de sermos incapazes de emitir a voz quando estamos aspirando ou expirando, nos capacitando para tanto somente retendo nosso fôlego, pois neste caso os movimentos produzem-se graças ao ar que é assim retido. Fica claro também por que os peixes não possuem

5 · voz: falta-lhes a laringe. E são desprovidos desse órgão porque não absorvem em si mesmos o ar externo, nem o respiram. Quanto a indagar acerca da razão disso, trata-se de uma outra questão.

9

No que respeita ao odor e ao seu objeto (o elemento odorante), é matéria muito menos fácil de ser tratada do que os assuntos até aqui ventilados. A natureza característica do odor não se revela com a clareza daquelas do som, da luz e da cor. A razão 10 · disso é nosso olfato não ser um sentido agudo; é até inferior ao que é no caso de muitos animais. O ser humano capta precariamente os odores e não percebe nenhum objeto odorante sem o concurso das sensações de dor ou de prazer, o que demonstra que seu órgão sensorial no caso não é apurado. É provavelmente por isso que os animais de olhos duros, na sua percepção analogamente falha 15 · das cores, percebem-nas distinguindo variações de cor somente mediante a presença ou ausência do que provoca medo.[80] É desse modo que a espécie humana distingue os odores. Parece haver uma analogia entre o olfato e o paladar, e entre as espécies de sabores e as dos odores. A única diferença, todavia, é que nosso sentido do paladar é mais agudo por ser um tipo de tato, este sentido na espé-20 · cie humana alcançando um elevadíssimo grau de acuidade. Se no que respeita aos demais sentidos o ser humano mostra-se inferior a muitos animais, no que diz respeito ao tato supera sumamente todas as outras espécies, pela precisão desse sentido na espécie humana, razão pela qual é ele o mais inteligente dos animais, o que é comprovado pelo fato de que é a diferenças no órgão do tato e a nenhuma outra coisa que se devem as diferenças que ocorrem entre

---

80. Os animais de *olhos duros* (σκληροφθαλμία [*sklerophthalmía*]) são os que não possuem pálpebras. Ver *Das partes dos animais*, Livro II, capítulos 13, 14 e 15.

os indivíduos humanos no que toca aos dons naturais: os possuidores de carne dura são mal dotados intelectualmente, enquanto os homens que têm carne tenra são bem dotados.

Tal como os sabores podem ser classificados em doces ou amargos, o mesmo ocorre com os odores. No caso de algumas coisas, são da mesma qualidade o sabor e o odor – por exemplo, ambos são doces; no caso de outras coisas, sabor e odor divergem. Do mesmo modo, um odor pode ser acre, adstringente, ácido ou suculento. Como já adiantamos, porém, não sendo os odores, de modo algum, de tão fácil distinção como os sabores, os nomes dessas variedades são aplicados aos odores em função de similitude. Por exemplo, o doce refere-se ao açafrão e ao mel, o acre, ao tomilho e assim por diante com relação aos demais odores.

Do mesmo modo que a audição tem por seu objeto o audível e o inaudível, a visão, o visível e o invisível, o olfato tem por seu objeto o odor e o inodoro. Inodoro é tanto aquilo que não tem absolutamente nenhum odor quanto o que tem um odor fraco ou insignificante. O mesmo aplica-se ao insípido.

Também o olfato processa-se através de um veículo, ou seja, através do ar ou da água. De fato, segundo consta, os animais aquáticos captam o odor – sejam eles sanguíneos ou não sanguíneos – tal como os animais que vivem no ar. De fato, alguns deles vêm de longe na direção do alimento quando são atraídos pelo cheiro. Isso nos põe diante de uma dificuldade: supondo que todos os animais percebam os odores do mesmo modo, temos que admitir que o ser humano só capta os odores quando aspira o ar; se ao invés de aspirá-lo, o expira ou retém a respiração, não percebe odor algum, independentemente do objeto do olfato estar distante ou perto, e mesmo que lhe fosse introduzido na narina e fizesse contato com ela. É comum a todos os sentidos a insensibilidade ao objeto sensorial quando este é colocado em contato imediato com o órgão do sentido, mas a incapacidade de captar o odor sem o concurso da aspiração do ar é própria do ser humano (o fato evidencia-se mediante o experimento). Seria de concluir que os animais não sanguíneos, uma vez que não respiram, possuem um sentido distinto dos aqui mencionados. Isso, contudo, é impossível visto ser odor o que captam: um sentido que capta o que é odoro e o que apresenta cheiro bom ou mau só pode ser o olfato. Que se acresça que é observado que esses animais sucumbem sob a ação dos mesmos odores deletérios que são letais ao ser humano: do betume, do enxofre e de outros similares. Fica necessariamente patente que captam os odores, porém sem o concurso da respiração. Parece que no ser humano o órgão do olfato é diferente do que é nos outros animais, como seus olhos são diferentes dos olhos dos animais de olhos duros. Os olhos humanos possuem pálpebras, uma espécie de abrigo ou invólucro, cujo movimento ou recuo é necessário para que se possa ver. Os animais de olhos duros, ao contrário, nada possuem semelhante, vendo de imediato o que se manifesta no veículo transparente. De modo análogo, em certas espécies animais, o órgão do olfato, tal como o olho, é exposto, enquanto naquelas que absorvem ar em seus corpos esse órgão inclui uma membrana que recua durante a respiração, devido à dilatação das veias e dos poros. Isso inclusive explica porque os animais que respiram não captam os odores em meio líquido; é-lhes necessário respirar para cheirar, o que sob a água é impossível. Tal como o sabor pertence ao úmido, o odor pertence ao seco e o órgão do olfato é seco em potência.

10

O QUE TEM SABOR É ALGO TÁCTIL, razão pela qual não pode ser percebido através de um meio corpóreo estranho, o mesmo que ocorre com o tato. Ademais, o corpo que encerra sabor encontra-se em matéria líquida, a qual é táctil. Por conseguinte, se estivéssemos imersos na água, captaríamos o doce que houvesse sido infiltrado nela, embora a água não fosse o veículo por meio do qual o perceberíamos, a percepção sendo devida à solução do objeto doce na

15 · água, como se tivesse sido misturado a alguma bebida. Nenhuma semelhança há nesse caso com a percepção da cor, que não se deve nem à mescla, nem a quaisquer eflúvios. Assim, no caso do sabor não há veículo, mas tal como o objeto da visão é a cor, o objeto do paladar é o sabor. Entretanto, nada provoca uma sensação de sabor na ausência do úmido, um corpo possuindo essa umidade em ato ou em potência. Um exemplo disso é um corpo salgado: ao mesmo tempo que é, ele próprio, facilmente solúvel, é capaz de produzir
20 · uma ação sumarenta na língua.

Tal como a visão é o sentido do visível e do invisível (ainda que a escuridão seja invisível, é a visão que executa a discriminação) e, adicionalmente, do que é resplandecente (que é também invisível, embora diferentemente da escuridão), e *tal como* a audição é o sentido do som e do silêncio (o primeiro audível, o segundo não)
25 · e, adicionalmente, do som intenso como a visão é o sentido do que é resplandecente (do mesmo modo que o som débil é inaudível, de algum modo o é também o som intenso e violento), e classificamos como invisível tanto o que o é absolutamente (como falamos de *impossível* em outros casos) quanto o que é visível por sua natureza, porém realmente não é ou o é a um baixíssimo grau (referimo-nos a este sentido ao falarmos de uma coisa sem pés e de uma coisa sem
30 · cerne), *também* o paladar tem, por sua vez, como seu objeto o que possui sabor e o insípido, este na acepção do que possui um sabor fraco, insignificante ou destrutivo do gosto.

É bastante razoável pensar que o potável e o não potável sejam o primeiro objeto do paladar, visto que ambos possuem sabor, com a ressalva de que o segundo o é debilmente e opera a destruição do gosto, ao passo que o primeiro ajusta-se à sua natureza. Além disso, o potável é comum ao tato e ao paladar.

422b1 · Considerando-se que o que possui sabor pertence ao líquido (úmido), é forçoso que o órgão sensorial correspondente para sua percepção não seja nem líquido em ato, nem incapaz de se tornar líquido. De fato, o paladar é submetido a uma certa ação do que possui sabor como tal. A necessidade, portanto, é que seja umedecido, o que possa ser preservando sua própria natureza característica, e que não seja já líquido em ato – e aludo ao órgão do paladar.

5 · O que o evidencia é a língua ser incapaz de sentir um sabor tanto quando se encontra inteiramente seca, como quando se acha demasiado úmida; neste último caso, o contato é produzido com a umidade preexistente, como quando depois de provarmos algum sabor forte procuramos experimentar outro sabor. Analogamente, todos os sabores parecem amargos aos doentes, porque é com a língua repleta dessa umidade amarga que os percebem.

10 · Classifica-se as espécies de sabor como se classifica as cores. Começa-se por distinguir os sabores simples que são os contrários, ou seja, o doce e o amargo; passa-se em seguida para os sabores secundários, o derivado do primeiro, *suculento*, o do segundo, *salgado*. Os sabores intermediários são o acre, o azedo, o adstringente e o ácido. Esses parecem quase totalizar as variedades de sabores.

15 · Assim, o que possui a faculdade gustativa é o que é tal em potência e o que possui sabor é o agente que a transfere ao ato.

11

Tudo aquilo que pode ser dito do que é táctil, pode e deve ser dito do tato, e vice-versa. Se o tato não é um sentido simples, mas múltiplo, pode-se concluir rigorosamente que os objetos tácteis, por seu turno, constituem uma pluralidade de objetos sensíveis. A dificuldade reside em saber se há diversos sentidos do tato

20 · ou um único e, além disso, qual é o órgão próprio do tato. Será a carne – e em outros animais o tecido correspondente à carne? Ou não? E neste último caso, o tecido seria o veículo intermediário enquanto o órgão efetivo do tato seria um outro órgão interno?

Cada sentido, realmente, parece corresponder a um só par de contrários, nomeadamente a visão, ao branco e ao preto; a audição,

25 · ao agudo e ao grave; o paladar, ao amargo e ao doce. A esfera do táctil, pelo contrário, comporta vários pares de contrários: quente e frio, seco e úmido, duro e mole, e assim por diante. Eis, contudo, um primeiro elemento capaz de encaminhar uma solução para essa dificuldade: também no caso dos demais sentidos, temos vários pares de contrários – no que se refere à voz, por exemplo, além do
30 · agudo e do grave, encontramos ainda o intenso e o fraco, o suave e o áspero e outros similares. No caso também da cor, há semelhantes contrastes. Entretanto, o que não se revela claramente é qual o sensível único subjacente a tais contrastes que seja para o tato o correspondente ao que o som é para a audição.

No que respeita à questão de saber se o órgão do tato é interno
423a1 · ou não e se, nesse caso, não é algo distinto da carne, nenhuma informação pode ser apurada com certeza pelo fato de a sensação coincidir com o contato dos objetos, pois se envolvêssemos a carne com uma membrana artificial, a sensação continuaria a manifestar-se no exato momento do contato e, não obstante, é evidente que tal membrana não encerra o órgão sensorial; e, supondo que essa
5 · membrana fosse um tecido congênito, a transmissão da sensação seria mais rápida ainda. Assim, a carne parece atuar como uma espécie de invólucro de ar de que somos envolvidos naturalmente. Isso nos levaria a supor que recebemos de um só órgão as sensações (percepções) de som, de cor e de odor, e que a visão, a audição e o olfato constituiriam um único sentido. Mas, de fato, visto que os
10 · veículos em que se propagam os vários movimentos não estão unidos ao corpo, mas separados, fica evidente que os órgãos sensoriais em pauta são distintos. Especificamente no que se refere ao tato, tal ponto permanece obscuro. Não seria possível que tanto o ar quanto a água constituíssem o corpo animado, o qual deve ser algo sólido. Restaria, então, a possibilidade de ser composto de uma
15 · mistura de terra e desses elementos de que tendem ser a carne e o que lhe é análogo. Assim, é necessário que o corpo seja o veículo natural anexo do tato através do qual se produziriam e transmitiriam as múltiplas sensações (percepções). Esta multiplicidade

é evidenciada pelo tato da língua. De fato, todas as qualidades tácteis são percebidas pelo tato da língua, bem como o sabor. Se, nessas circunstâncias, o resto da carne percebesse o sabor, pareceria que deveríamos concluir que o paladar e o tato seriam um único e mesmo sentido. Contudo, são de fato distintos, visto que seus órgãos não são intercambiáveis.

E surge uma outra dificuldade. Todo corpo apresenta profundidade, ou seja, a terceira dimensão. Ora, quando dois corpos têm entre si um terceiro corpo, não podem estabelecer contato. Além disso, cumpre lembrarmos que aquilo que é úmido, bem como o que é molhado, não prescindem de um corpo: é indispensável que sejam água ou contenham água e que, por outro lado, se dois corpos têm contato sob a água, suas superfícies de contato não podem estar secas, devendo ter água no intervalo, ou seja, a água que molha as extremidades de suas superfícies. Disso se concluiria que não é possível dois corpos estarem em contato na água, e tampouco no ar, uma vez que o comportamento do ar em relação aos objetos que nele se encontram é idêntico ao da água em relação aos objetos nela contidos. Entretanto, os fatos não se impõem à nossa observação com tal evidência, porque vivemos em meio ao ar, tal como animais que vivem na água não perceberiam que as coisas que se tocam na água possuem superfícies molhadas. A questão, portanto, é a seguinte: todas as coisas são percebidas de maneira idêntica, ou algumas o são de um modo, outras de outro, ou seja, segundo a opinião hoje corrente, o paladar e o tato exercendo-se por contato e os demais sentidos à distância?

Mas, essa distinção é inconsistente. Percebemos o duro ou o mole e os objetos da audição, visão e olfato através de um veículo, com a única ressalva de que estes últimos são percebidos a uma distância maior do que os primeiros. É por isso que o intermediário nesse caso nos escapa. De uma maneira ou outra, percebemos tudo através de um veículo, ainda que nesse último caso as coisas escapem à nossa percepção. No entanto, reiterando o que já dissemos antes, se o veículo para o tato fosse uma membrana que nos separasse do objeto sem que nos déssemos conta de sua existência, nos encontraríamos em relação a ele na mesma situação em que estamos agora em relação ao ar ou à água; acreditamos tocar os próprios objetos do tato e que não existe nenhum veículo intermediário.

Há, porém, uma diferença entre o objeto do tato, de um lado, e os objetos da visão e da audição, de outro. Enquanto estes últimos são percebidos graças à ação exercida pelo veículo intermediário sobre nós, os objetos do tato são percebidos não graças à ação do veículo intermediário, mas simultaneamente a este. Seria como no caso do homem golpeado através de seu escudo, em que o golpe não é primeiramente aplicado ao escudo para em seguida ser transferido ao homem, mas ambos recebendo simultaneamente o golpe.

A carne e a língua em geral estão associadas aos órgãos do tato e do paladar como o ar e a água estão associados aos órgãos da visão, da audição e do olfato. Por conseguinte, nem num caso nem noutro é possível ocorrer qualquer percepção de um objeto se colocado sem mediação sobre o órgão, como por exemplo um corpo branco que fosse instalado na superfície do olho. Isso mostra ainda, sob o império da evidência, que o órgão do tato é interno. É a essa condição que se deve a possibilidade de uma analogia entre esse sentido e todos os demais. No caso desses últimos, se colocamos o objeto sobre o órgão sensorial, ele não é percebido, ao passo que se o colocamos sobre a carne, ele é percebido. A conclusão é que a carne é o veículo do tato.

As qualidades tácteis são, portanto, as qualidades distintivas do corpo enquanto corpo. Chamo de qualidades distintivas as que caracterizam os elementos, nomeadamente quente e frio, seco e úmido, aos quais nos referimos anteriormente em nosso tratado sobre os elementos.[81] O órgão para sua percepção é o do tato, quer dizer, a parte do corpo na qual o sentido denominado tato tem primordialmente sua sede, parte que é em potência tais qualida-

---

81. Ver *Da geração e corrupção*, II, 2-3.

424a1 · des. De fato, toda percepção sensorial é um processo passivo de sofrer uma ação. Assim, o agente torna essa parte semelhante a ele em ato, uma vez que ela já era em potência. Devido a isso, quando um corpo está quente, frio, duro ou mole à mesma intensidade do órgão, não temos percepção dele, embora percebamos (e exclusivamente) o excesso de tais qualidades, o que denuncia ser o sentido
5 · uma espécie de "mediania" entre os sensíveis contrários. É a isso que deve sua capacidade de discernir qualidades sensíveis nesse âmbito. A "mediania" é capaz de discernir pelo fato de se converter alternativamente no oposto de cada extremo. E do mesmo modo que aquilo que deve perceber o branco e o preto não pode ser nem o branco nem o preto em ato, mas tanto um quanto o outro em potência (e assim por diante com referência aos outros sentidos),
10 · igualmente para o tato, o órgão não deve ser nem quente nem frio. Ademais, na medida em que a visão, já o dissemos, tem por seus objetos o visível e o invisível (havendo um paralelismo com todos os outros sentidos em consideração a qualidades opostas), do mesmo modo o tato tem por seus objetos o táctil e o não táctil, sendo este *quer* aquilo que apenas possui uma qualidade peculiar dos corpos tácteis num grau muito baixo – do que é exemplo o ar – *quer* aquilo que a possui num grau excessivo, como ocorre com as coisas destrutivas.
15 · Com isso damos como encerrada nossa exposição esquemática de cada um dos vários sentidos.

12

DE UM MODO GERAL, no que se refere à toda percepção sensorial, é necessário entender que o sentido é o que possui a faculdade apta a receber as formas sensíveis sem a matéria, da mesma maneira que a
20 · cera recebe a impressão do anel com sinete sem o ferro nem o ouro;

e, se recebe a impressão do ouro ou do bronze, não é como ouro ou bronze. Algo semelhante ocorre com o sentido correspondente a cada sensível: sofre a ação do objeto que é colorido, dotado de sabor ou sonoro não na medida em que cada um desses objetos é o que é, mas na medida em que possui esta ou aquela qualidade e em função de sua noção. O órgão sensorial primário é aquele em que reside uma tal faculdade. Os dois (a faculdade e o órgão sensorial) são certamente por um lado uma só coisa, mas suas essências diferem: não há dúvida que o que percebe é uma grandeza espacial, mas não é admissível que o possuir uma faculdade para perceber ou o próprio sentido seja uma grandeza; o que são é uma certa noção e faculdade do que percebe.

Isso nos mostra claramente por que os objetos sensíveis de intensidade excessiva destroem os órgãos sensoriais. Se de fato o movimento é demasiado intenso para o órgão, a forma constituinte do sentido é rompida, tal como a harmonia e o tom das cordas [de uma lira] são rompidos pelo tanger excessivamente violento. Isso igualmente explica por que as plantas carecem de percepção sensorial, ainda que possuam uma das partes da alma em si e sejam afetadas numa certa medida pelos próprios objetos tácteis; de fato podem ser resfriadas ou aquecidas. A explicação para isso é não possuírem o mediano e nenhum princípio nelas mesmas para receber as formas dos objetos sensíveis. Mas apenas sofrem a ação das formas unidas à matéria. Isso nos autorizaria inclusive a indagar se o odor pode afetar o ser incapaz de perceber um odor, a cor, o ser incapaz de ver, e assim por diante com respeito aos demais objetos sensíveis. Ora, uma vez que o odorante como tal é o odor, se produzir qualquer efeito, só pode ser a olfação produzida pelo odor. Assim, nenhum ser incapaz de captar um odor pode ser afetado pelo odor. Esse mesmo raciocínio vale também para os demais sensíveis. E até entre os capazes de percepção, cada um só é afetado na medida em que é dotado do sentido apropriado. Que é assim podemos, ainda, demonstrá-lo como se segue. Não são nem a luz, nem a escuridão, nem o som e nem o odor o que exerce qualquer ação sobre os corpos, mas os próprios corpos que veiculam essas qualidades, como é o caso do ar acompanhado do raio que fende o tronco de madeira. Em contrapartida, no que diz respeito às qualidades tácteis e aos sabores, são eles que exercem uma ação sobre os corpos, já que se assim não fosse [seria de se indagar]: sob a ação de que agente são afetados e alterados os seres inanimados? Será, então, necessário declarar que os objetos dos outros sentidos também os afetam? Que se declare, de preferência, que todo corpo não é capaz de ser afetado pela ação do odor e do som; mas alguns, ao serem afetados, uma vez que não possuem limites próprios, desintegram, como é o caso do ar, que se torna odorante, demonstrando que sofre algum efeito do que é odorante. O que é então sentir um odor senão sofrer uma ação do que é odorante? Digamos, portanto, que sentir um odor é perceber, ao passo que o ar, por conta da ação que sofre, torna-se rapidamente perceptível pelo sentido.

LIVRO III

Cleonte, não percebemos propriamente que é o filho de Cleonte, mas que é branco; e acidentalmente acontece de o objeto branco ser o filho de Cleonte.

De fato, entretanto, os objetos sensíveis comuns nos são dados numa percepção comum que não é acidental. Não há, portanto, para eles um sentido particular. Se houvesse, estaríamos obrigados a percebê-los exclusivamente da maneira que afirmamos que víamos o filho de Cleonte.

30 · É, porém, acidentalmente que os diversos sentidos percebem os objetos sensíveis próprios a uns e outros, e isso não na condição de sentidos especiais, mas formando um só sentido quando as per-
425b1 · cepções de vários sentidos confluem para o mesmo objeto – disso é exemplo a bile que é percebida como amarga e amarela. A asserção da identidade de ambas essas qualidades não pode ser realizada por um sentido ou outro, daí a ilusão do sentido, a saber, ao ver o amarelo, crê-se que se trata da bile.

5 · Seria concebível perguntarmos por que temos múltiplos sentidos e não um único. Seria para que não passassem desapercebidos os sensíveis que são derivados e comuns, entre eles o movimento, a grandeza e o número? Supondo que a visão fosse nosso único sentido, e que seu objeto fosse o branco, os objetos sensíveis comuns tenderiam a nos escapar mais facilmente e creríamos que se confundissem devido à concomitância de cor e grandeza. Na realidade, porém, o fato de os sensíveis comuns serem dados nos objetos de
10 · mais de um sentido indica sua distinção de cada um dos sensíveis particulares bem como da totalidade destes.

2

COMO É POR MEIO DO SENTIDO que ficamos cientes de que estamos vendo e ouvindo, é necessariamente a visão que determina

nosso estar ciente de que estamos vendo ou algum outro sentido dela distinto. Neste último caso, porém, o mesmo sentido perceberá ao mesmo tempo a visão e a cor do objeto. Consequentemente, ou dois sentidos perceberão o mesmo objeto sensível ou o mesmo
15 · sentido perceberá a si mesmo. Por outro lado, na hipótese de ser um outro sentido o que percebesse a visão, cairíamos numa regressão infinita, ou teríamos que admitir um sentido que fosse ciente de si mesmo. Conclui-se que convém conferir a função ao primeiro desses sentidos. Mas aqui nos defrontamos com uma dificuldade. Se perceber pela visão é ver e o que é visto é cor, ou o colorido, então se é para vermos aquilo que vê, este originalmente tem que ser colo-
20 · rido. Fica, portanto, evidente que a expressão *perceber pela visão* apresenta mais de uma acepção. A propósito, quando não vemos, é através da visão que distinguimos a escuridão da luz, ainda que de um outro modo. Ademais, de uma certa maneira mesmo aquilo que vê é colorido, pois cada órgão sensorial é capaz de captar o objeto
25 · sensível sem sua matéria. A razão disso é que mesmo após o desaparecimento dos objetos sensíveis, sensações e imagens persistem nos órgãos sensoriais.[82]

Entretanto, o ato do objeto sensível e o do sentido são o mesmo e o único, embora sua essência não seja idêntica. Exemplifiquemos isso com o som em ato e a audição em ato: é possível que o indivíduo possuidor de audição não ouça realmente, e que o objeto sonoro não emita som. Mas quando aquilo que é
30 · capaz de ouvir ouve em ato e o que é capaz de soar soa em ato, são produzidos simultaneamente a audição em ato e o som em ato.
426a1 · Poder-se-ia considerar que há, de uma parte, audição, e de outra parte, ressonância.

Se for verdade que o movimento, a ação *e a paixão*[83] residem naquilo que sofre a ação, o som e a audição em ato necessariamente residirão na audição em potência. Realmente, o ato do fator ativo

---

82. Ver os tratados *Da memória e da revocação* e *Dos sonhos*.

83. ...καὶ τὸ πάθος... (*kaì tò páthos*) é eliminado por Ross.

5 · e motriz é realizado no paciente, razão pela qual o motor não é necessariamente movido. Denomina-se então som inarticulado ou ressonância[84] o ato do objeto sonoro, e audição ou escuta atenta[85] o ato do sentido auditivo, isso porque som inarticulado e audição têm dupla significação. O mesmo aplica-se aos demais sentidos e a seus objetos sensíveis. E do mesmo modo que a ação e a paixão
10 · (o executar a ação e o sofrê-la) estão no paciente e não no agente, igualmente o ato do sensível e o ato do sentido estão no sentido. Em alguns casos, todavia, os dois atos recebem um nome, do que é exemplo ressonância e escuta atenta, ao passo que em outros permanecem destituídos de nomes. Assim, o ato da visão (sentido visual) é chamado de visão, enquanto o ato da cor carece de nome. A gusta-
15 · ção é o ato do paladar, porém o ato do sabor mantém-se sem nome.

Como então o ato do sentido e o ato do objeto sensível são um único, a despeito da diferença de essência, ocorrerá necessariamente extinção ou persistência concomitante da audição e do som inarticulado encarados nessa significação, também do sabor e do paladar etc. Em contrapartida, não há essa necessidade no que se refere a esses termos entendidos com a significação de potência;
20 · os primeiros filósofos da natureza equivocaram-se na sua opinião de que não havia nem branco nem preto fora da visão, bem como de que não havia sabor fora do paladar. A afirmação deles é em parte correta, em parte incorreta. É, de fato, em duas acepções que entendemos o sentido e o objeto sensível, nomeadamente quer em
25 · potência quer em ato. A afirmação deles aplica-se neste último caso, mas não no primeiro. O problema é que se referiam numa acepção absoluta a termos para os quais a acepção absoluta é inadmissível.

Se, nesse caso, a voz é uma harmonia e se ela e sua audição são, numa acepção, algo uno e idêntico, e numa outra acepção não o são; se, enfim, a harmonia é uma proporção, é necessário que a
30 · audição, por sua vez, seja uma certa proporção. Daí a razão de toda

---

84. ...ψόφος ἢ ψόφησις... (*psóphos è psóphesis*).

85. ...ἀκοὴ ἢ ἄκουσις... (*akoè è ákousis*).

impressão excessiva – o agudo como o grave – destruir o sentido da audição; do mesmo modo, o excesso com referência aos sabores destrói o paladar; no que respeita às cores, a visão é eliminada pelo excesso do brilhante ou do escuro, e no que diz respeito ao olfato o fator destrutivo é o excesso de intensidade do odor, quer na doçura, quer no amargor. Tudo isso indica que o sentido é um tipo de proporção e, por conseguinte, os objetos sensíveis produzem prazer toda vez que, inicialmente puros e não misturados, são levados a uma certa proporção, do que constituem exemplos o acre, o doce, o salgado, que de fato produzem, nesse caso, prazer. De maneira geral, o misto efetua uma harmonia melhor do que o agudo ou o grave isoladamente; *ou no caso do tato, o que é capaz de ser aquecido ou resfriado.*[86] Bem, sentido e proporção são idênticos. Quanto às impressões excessivas, são dolorosas ou destrutivas.

Cada sentido, portanto, atua sobre a qualidade sensível que constitui seu objeto particular, é encontrado no órgão sensorial como tal e discrimina as diferenças da qualidade sensível que tem por objeto. No que se refere ao branco e ao preto, esse sentido é a visão, ao passo que com referência ao doce e, ao amargo, é o paladar. O mesmo vale para os demais sentidos. Como também discriminamos o branco do doce e cada uma das qualidades sensíveis uma da outra, é graças a um princípio qualquer que percebemos suas diferenças. Decerto deve ser por meio de um sentido uma vez que o que temos diante de nós são objetos sensíveis, pelo que, inclusive, se evidencia que a carne não é o órgão sensorial imediato, pois se fosse, seria necessariamente por contato com o objeto sensível que o sentido discriminatório deveria cumprir sua função. A conclusão é que não é tampouco possível a discriminação entre doce e branco mediante sentidos distintos – um e outro deverão ser conhecidos claramente por um único sentido. Na admissão de qualquer outra hipótese, mesmo que eu percebesse doce enquanto tu percebesses branco, a diferença entre eles ainda assim seria aparente. Na

---

86. Toda esta sentença (em *itálico*) é eliminada por Ross.

20 · realidade, caberia a um só princípio enunciar essa diferença, pois o doce difere do branco. A conclusão é que é o mesmo princípio que enuncia tal coisa e, consequentemente, do mesmo modo que o enuncia, pensa e percebe.

Ressalta, portanto, como óbvia a impossibilidade de sentidos separados discriminarem sensíveis separados; que é tampouco possível realizá-lo em momentos separados, pode-se notar, é demons-
25 · trável como se segue. Do mesmo modo que é um princípio idêntico o enunciador da diferença entre o bom e o mau, do mesmo modo quando enuncia "um difere", enuncia simultaneamente que o outro também difere, de sorte que o *quando* não é acidental. Entendo por isso que posso dizer "isso difere daquilo" sem estar dizendo com isso que diferem agora. Pelo contrário, o princípio discriminador dos sensíveis enuncia agora um fato de agora. Há, assim, duas discriminações simultâneas e, consequentemente, trata-se tanto de um princípio discriminador indivisível quanto de um tempo indivisível em que se processa esse princípio.

30 · Todavia, é impossível uma mesma coisa ser movida simultaneamente segundo movimentos contrários enquanto indivisível e num tempo indivisível. Se o que é doce é a qualidade percebida,
427a1 · transmite tal movimento ao sentido e ao pensamento, ao passo que o que é amargo os move em direção contrária, e o branco ainda numa outra. Seria o caso, então, de aquilo que discrimina ser simultaneamente numericamente um e indivisível, indissociável no tempo, mas dividido em sua essência? Nesse caso, num sentido, seria o divisível o responsável pela percepção das qualidades sensíveis divididas, enquanto num outro perceberia como indivisível. Diríamos que em sua essência seria divisível, mas do ponto de vista
5 · do espaço, tempo e número, seria indivisível. Mas não seria isso impossível? Afinal, é somente em potência que o mesmo sujeito concomitantemente indivisível e dividido é os contrários, não o sendo pela essência – de fato, é por conta da relação do ato que ele é divisível, não podendo ser simultaneamente branco e preto. Que se acresça que não pode sofrer a ação das formas correspondentes

na hipótese da sensação e do pensamento exatamente como dissemos. Ocorre aqui o mesmo que ocorre com o que alguns dizem ser o ponto, ou seja, considerado como um ou como dois, diz-se que é divisível.[87] Enquanto indivisível, o que discrimina é uno e discrimina os dois sensíveis simultaneamente; considerado como divisível, deixa de ser uno visto que se utiliza duas vezes do mesmo ponto no mesmo tempo. Desse modo, na medida em que assume o limite como dois, discrimina *dois objetos separados*[88] mediante o que é, de algum modo, separado; mas quando assume o limite como um, discrimina dois objetos num só momento.

Que isso baste quanto ao princípio em virtude do qual afirmamos que os animais têm percepção.

3

É, PORTANTO, POR MEIO DE DUAS PROPRIEDADES distintivas fundamentais que se define a alma, a saber, o movimento local [1] e pensamento e inteligência[89] [2]. Considera-se ordinariamente o pensamento e a inteligência como uma forma de percepção sensorial (de fato, em ambos os casos a alma discrimina e conhece uma coisa que é). Os antigos, de sua parte, chegam a identificar inteligência e percepção sensorial; declara Empédocles: "É em conformidade com o que está presente que a inteligência do ser humano cresce",[90] e também: "daí lhes acontece de sempre terem pensamentos variados";[91] o mesmo descobre-se nas palavras

---

87. Ross junta: *[...] e indivisível [...]*.
88. Eliminado por Ross.
89. ...νοεῖν καὶ φρονεῖν (*noeîn kaì phroneîn*). Ross: ...τῷ νοεῖν καὶ τῷ κρίνειν καὶ αἰσθάνεσθαι... [*tôi noeîn kaì tôi krínein kaì aisthánesthai*] (o intelecto, o discernimento e a percepção).
90. Diels-Kranz, fragm. 106.
91. Diels-Kranz, fragm. 108.

25 · de Homero, ou seja, "pois assim é o pensamento...".⁹² Todos eles concebem o pensamento como um processo corpóreo semelhante à percepção sensorial, e sustentam que o semelhante é pensado e percebido pelo semelhante, como o explicamos no início deste tra-
427b1 · tado. Entretanto, deveriam ter abordado igualmente o erro, visto que este conserva uma conexão mais habitual com os seres vivos e reside mais amiúde na alma. A consequência necessária dessa doutrina é ou – como sustentam alguns – que todas as aparências⁹³ são verdadeiras, ou então que o erro consiste no contato com o
5 · dessemelhante, uma vez que isso é o contrário do conhecimento do semelhante pelo semelhante. Admite-se geralmente, porém, que o erro, assim como o conhecimento, no que diz respeito aos contrários, é uno e o mesmo.

É óbvio que perceber pelos sentidos e intelectualizar não são idênticos. O primeiro pertence a todos os animais, ao passo que o segundo é encontrado num pequeno número deles. Tampouco o pensamento (que inclui o pensamento correto e o incorreto, o pri-
10 · meiro sendo discernimento, conhecimento e opinião verdadeira, enquanto o segundo constitui seus contrários) é idêntico à percepção sensorial; de fato, a percepção dos objetos sensíveis particulares é sempre verdadeira e concerne a todos os animais, enquanto o pensamento discursivo pode também ser falso e não é concedido a nenhum ser que não seja também dotado de razão.

A imaginação⁹⁴ distingue-se da percepção sensorial bem como do pensamento discursivo.⁹⁵ Contudo, a imaginação não é encon-
15 · trada sem a percepção sensorial, enquanto sem imaginação não há juízo. É evidente que ela não é nem pensamento intuitivo nem juízo, posto que o estado imaginativo depende de nós, de nossa

---

92. *Odisseia*, Canto XVIII, 136 (parcial).
93. ...τὰ φαινόμενα... (*tà phainómena*).
94. ...φαντασία... (*phantasía*), faculdade de produzir imagens, representações, ideias.
95. ...διάνοιας... (*diánoias*).

vontade (podemos imaginar um objeto ante nossos olhos como fazem aqueles que organizam suas ideias em ordem mnemônica e constroem imagens). Pelo contrário, na formação de uma opinião não dependemos de nós, sendo nesse caso inevitavelmente necessário estar no erro ou na verdade. Por outro lado, quando formamos a opinião de que algo é terrível ou amedrontador logo experimentamos a emoção correspondente, mesmo que se trate de um objeto encorajador; pelo contrário, quando imaginamos, comportamo-nos como se contemplássemos alguma cena terrível ou encorajadora numa pintura. Há também as variedades do próprio juízo, a saber, o conhecimento, a opinião, o entendimento e seus contrários. Quanto às suas marcas distintivas, são estudadas em outra parte.[96]

Quanto ao pensamento, porquanto é distinto da percepção e é composto, pelo que parece, em parte da imaginação, em parte do juízo, cabe-nos começar por definir a imaginação para em seguida tratar do juízo. Se então a imaginação é aquilo em função do que é para nós produzida uma imagem – estando aqui excluído todo uso metafórico dessa palavra – ela, é, entre outras, uma faculdade ou uma disposição que capacita a discriminar estando na verdade ou no erro. Mas aqui também se inserem a percepção sensorial, a opinião, o pensamento e o conhecimento.

Que a imaginação não é sensação pode ser demonstrado como se segue. A sensação é potência ou ato, por exemplo, a visão ou o ver. Em contrapartida, a imaginação pode ocorrer até na ausência de ambos, como é o caso das imagens percebidas durante o sono. Além disso, a sensação é sempre dada, o que não acontece com a imaginação. Por outro lado, se fossem idênticas em ato, a imaginação poderia ser encontrada em todos os animais irracionais; ora, não parece ser o que ocorre, por exemplo, no caso de formigas, abelhas ou vermes. De outra parte, as sensações são sempre verdadeiras, ao passo que as imagens são, o mais amiúde, falsas. É de se

---

96. Provável alusão à *Ética a Nicômaco*.

acrescentar que não declaramos, quando nossa atividade sensorial atua com precisão sobre o objeto sensível, que "isso nos parece ser a imagem de um ser humano". Tal coisa sucede, ao contrário, quando falta precisão às nossas percepções: é nessa oportunidade que a sensação apresenta-se verdadeira ou falsa. Ademais, como o dissemos antes, imagens visuais aparecem a nós até quando estamos com os olhos fechados.

Tampouco a imaginação poderia identificar-se com quaisquer das operações que sempre são verdadeiras, como o conhecimento ou a intelecção, pois a imaginação também é enganosa. Resta apurarmos se ela identifica-se com a opinião, a qual pode ser verdadeira ou falsa. O problema é que a opinião envolve a crença (pois é impossível ter uma opinião sem a esta juntar crença). Ora, entre os animais irracionais jamais encontramos crença, a despeito de muitos deles possuírem imaginação. *Ademais, toda opinião é acompanhada de crença, esta de persuasão e a persuasão do discurso racional. Ora, se entre os animais irracionais certamente encontramos os capazes de imaginação, não há os capazes de discurso racional.*[97] A conclusão é a evidência de que não seria possível que a imaginação fosse uma opinião somada à sensação, nem uma opinião produzida pela sensação, nem uma combinação de opinião e sensação, o que é impossível quer por conta dessas razões, quer porque o conteúdo da opinião suposta não pode ser diferente daquele da sensação. O que quero dizer é que a imaginação deve ser a combinação da percepção do branco com a opinião de que é branco – dificilmente poderia ser a combinação da opinião de que é bom com a percepção de que é branco. Imaginar se identificaria, então, com pensar exatamente o mesmo objeto que se percebe não acidentalmente. Entretanto, aquilo que imaginamos é às vezes falso, ainda que ao mesmo tempo nosso atual juízo sobre ele seja verdadeiro. Por exemplo, para o sentido o sol não tem mais do que um pé de diâmetro, embora estejamos convencidos de que seja maior do que a Terra habitada.

---

97. Período eliminado por Ross.

A conclusão é, portanto, a seguinte: *ou* embora o objeto não tenha sofrido alteração e o observador não haja nem esquecido nem perdido a crença na opinião verdadeira que possuía, tal opinião desvaneceu, *ou,* se conservada por ele, essa sua opinião é necessariamente ao mesmo tempo verdadeira e falsa. Todavia, não é possível que fosse falsa a não ser que o objeto tenha sido alterado sem que o notássemos. Consequentemente, o que constitui a imaginação não é nem uma dessas operações ou estados, nem sua combinação.

Sabe-se, contudo, que quando uma coisa está em movimento, uma outra pode ser movida por ela; por outro lado, parece que a imaginação é um movimento que é impossível ser produzido sem o concurso da sensação, é concedida tão só aos seres capazes de percepção e diz respeito aos mesmos objetos da sensação; enfim, é possível que um movimento seja gerado pela sensação em ato e, por via de consequência, será necessariamente, do prisma de seu caráter, semelhante à sensação. Uma vez isso estabelecido, um tal movimento não poderia se produzir sem a sensação, bem como ser encontrado nos seres incapazes de percepção. Facultará ao sujeito tanto exercer quanto sofrer ações de ampla variedade, e será passível tanto de verdade quanto de falsidade. A razão para esta última propriedade pode ser descrita como segue. A percepção sensorial dos objetos sensíveis particulares é sempre verdadeira ou, ao menos, sujeita a um mínimo de erro. Em segundo lugar, temos a percepção do sujeito que é atingido por determinações acidentais, caso em que decerto podemos ser conduzidos ao erro; o fato de estarmos percebendo o branco diante de nós não é passível de ser falseado, mas a percepção do que é branco ser isso ou aquilo pode ser falsa. Em terceiro lugar, temos a percepção dos objetos sensíveis comuns, que são os sensíveis oriundos dos sensíveis por acidente, classe à qual pertencem os sensíveis particulares. Refiro-me, por exemplo, ao movimento e à grandeza, que são acidentes dos objetos sensíveis particulares. A maior possibilidade de ilusão dos sentidos situa-se aí.

O movimento gerado pela sensação em ato variará dependendo de sua origem ser uma dessas três modalidades de sensações. O movimento da primeira modalidade, uma vez presente a sensação, é verdadeiro; no que se refere às duas outras modalidades, esteja a sensação presente ou ausente, o movimento estará exposto ao erro, sobretudo se o objeto sensível estiver distante. Na hipótese, portanto, de a imaginação não apresentar outras características além das indicadas e corresponder à nossa descrição, podemos defini-la como um movimento resultante da sensação em ato.

Como a visão é, entre os sentidos, o mais desenvolvido, o nome imaginação[98] é derivado de luz,[99] porque é impossível ver sem luz. E pelo fato de as imagens persistirem nos órgãos dos sentidos e assemelharem-se às sensações, os animais em suas ações agem frequentemente sob a orientação delas: uns porque são desprovidos de inteligência, ou seja, os animais irracionais; outros porque sua inteligência é por vezes eclipsada pela enfermidade ou pelo sono,[100] sendo este o caso dos seres humanos.

No que toca à imaginação, quanto ao que é e a causa de sua existência, restrinjamo-nos ao exposto.

4

Voltando-nos agora para a parte da alma por meio da qual ela conhece e pensa – seja essa parte dissociável das demais somente em definição, ou também espacialmente – é necessário examinarmos o que a distingue e como se processa o pensamento. Se o pensar for semelhante à percepção sensorial, deverá ser um tipo de paixão sob a ação do inteligível, ou outra coisa semelhante a isso. O princípio do pensar deve, portanto, ser impassível, porém

---

98. ...φαντασία (*phantasía*).

99. ...φάους (*pháous*).

100. Ross: ...πάθει ἢ νόσοις ἢ ὕπνῳ... (*páthei è nósois è hýpnoi*): emoção, enfermidade ou sono.

capaz de receber a forma de um objeto, ou seja, deve ser idêntico em potência ao seu objeto sem que seja o próprio objeto. O pensamento tem que estar relacionado ao que é pensável, como o sentido está ao que é sensível. Deve, então, necessariamente, uma vez que tudo é objeto possível de pensamento, ser "livre de mistura", como diz Anaxágoras, para "dominar", quer dizer, para conhecer; de fato, se ele expressar sua forma peculiar conjuntamente com a forma estrangeira, criará um obstáculo a esta última e a barrará. Conclui-se que não pode possuir nenhuma natureza própria exceto a de ser em potência. Por conseguinte, aquilo na alma que chamamos de pensamento (entendo por pensamento aquilo pelo que a alma pensa discursivamente e julga) não é, enquanto ato, nenhum dos seres antes de pensar. É essa a razão porque não se pode, tampouco, afirmar razoavelmente que esteja mesclado ao corpo: se assim fosse, assimilaria e apresentaria alguma qualidade, digamos calor ou frio, ou até possuiria um órgão, como a faculdade sensorial. De fato, não possui nenhuma. Foi acertado dizer-se que a alma é o lugar das formas, com a ressalva de que isso não se aplicaria à alma inteira, mas somente à parte intelectiva da alma, e mesmo assim considerando-se as formas não em ato, mas apenas em potência.

A observação dos órgãos sensoriais, de seu emprego e do sentido atesta a distinção entre a impassibilidade da faculdade sensitiva e a intelectiva. É factual que o sentido deixa de ser capaz de perceber após um estímulo sensível muito intenso. É exemplo disso não percebermos o som facilmente depois de ouvirmos sons intensos; do mesmo modo, na imediata sequência de vermos cores brilhantes ou cheirarmos odores intensos, vemo-nos incapazes de ver ou de cheirar; pelo contrário, no caso do pensamento, pensar um objeto que é altamente pensável torna o intelecto mais e não menos capaz na sequência de pensar objetos menos pensáveis. A explicação é que enquanto a faculdade sensitiva depende de um órgão corpóreo, o pensamento é independente do corpo. Quando o pensamento converte-se em cada um de seus objetos no exato sentido em que se diz conhecedor, e isso em ato – algo que ocorre quando ele se capacita a passar ao ato de si mesmo – permanece, mesmo então, em potência num certo aspecto, ainda que num sentido diferente da potência precedente à aquisição do conhecimento por aprendizado ou descoberta. E o pensamento pode então pensar a si mesmo.

10 · Visto que somos capazes de distinguir entre uma grandeza e o que é para ser uma grandeza, bem como entre a água e o que é para ser água, o mesmo ocorrendo em tantos outros casos – ainda que não em todos (pois em certos casos a coisa e sua forma são idênticas), carne e o que é para ser carne são discriminados ou por distintas faculdades ou por uma idêntica faculdade em dois estados distintos; de fato, a carne inexiste dissociada da matéria, e é como o que tem nariz chato, um *isso* num *isso*. É, portanto, pela 15 · faculdade sensitiva que se discrimina o quente e o frio, ou seja, as qualidades que unidas numa certa proporção constituem a carne. O caráter essencial da carne é apreendido por algo diferente *ou* completamente dissociado da faculdade sensitiva, *ou* a ela associado, como uma linha curva, à mesma linha quando foi tornada reta. Por outro lado, no que se refere aos objetos abstratos, o que é reto apresenta analogia com o que tem nariz chato, porque envolve necessariamente um *continuum*: sua essência constitutiva é distinta na hipótese de podermos distinguir entre retidão e o que 20 · é reto. Entendemo-lo como dualidade. Nossa apreensão é, portanto, através de uma faculdade diferente, ou pela mesma num diferente estado. No geral, em síntese, da mesma maneira que as coisas são dissociáveis da matéria, ocorre também para o que diz respeito ao pensamento.

Mas surgem problemas, quais sejam: se o pensamento é simples e impassível e nada apresenta em comum com tudo o mais, como o diz Anaxágoras, como afinal se pensa se pensar é uma paixão, ou seja, é sofrer uma certa ação? É na medida em que um fator é 25 · comum a dois termos que um deles, pelo que parece, exerce a ação e o outro a sofre. Ademais, é o pensamento também um possível objeto de pensamento para si? Pois se o pensamento é pensável *per se* e o pensável é especificamente uno e idêntico, então ou o pensamento aplicar-se-á a tudo, ou conterá algum fator que lhe é comum com relação a todas as demais realidades, fator que torna a todas pensáveis.

30 · Não será necessário de preferência retomar nossa prévia distinção da paixão sobrevindo segundo um fator comum? É, de uma certa maneira, em potência que o pensamento é idêntico aos inteligíveis, mas antes que pense ele não é em ato nenhum deles. O que pensa está nele necessariamente tal como é concebível se dizer 430a1 · que caracteres estão numa tabuinha onde nada se acha inscrito em ato – é precisamente o que acontece com o pensamento.

O pensamento é ele próprio inteligível tal como o são seus objetos. De fato, no que se refere a realidades que não encerram matéria, há identidade entre o sujeito pensante e o objeto pensado, pois 5 · a ciência especulativa e seu objeto são idênticos. Quanto ao fato de não se pensar sempre, é algo cuja razão deve ser examinada. Pelo contrário, no que tange às realidades que encerram matéria, é somente em potência que estão presentes os objetos inteligíveis. Infere-se que não possuirão nelas pensamento (já que o pensamento que as toma como objetos é uma faculdade imaterial), enquanto o pensamento permanecerá inteligível.

5

10 · COMO EM TODA CLASSE DE COISAS, tal como na natureza inteira, constatamos dois elementos, a saber, uma matéria que é, em potência, todos os particulares pertencentes à classe, e uma causa que tudo produz (esta posicionando-se em relação à matéria como uma arte com seu material), é de esperar que esses distintos elementos sejam também necessariamente encontrados na alma. E, de fato, há,

de um lado, o pensamento que é capaz de converter-se em todas as
15 · coisas, ao passo que, de outro o pensamento de produzir todas
as coisas, o qual assemelha-se a uma espécie de estado positivo como
a luz. De uma certa maneira, também a luz transforma as *cores em
potência* em *cores em ato*. Nesse aspecto, o pensamento é dissociado, sem mistura e impassível, sendo ato por essência. O agente, de
fato, é sempre superior ao paciente e o princípio, à matéria. Co-
20 · nhecimento em ato e seu objeto são idênticos; não há dúvida que
o conhecimento em potência é no indivíduo, do prisma do tempo,
anterior, mas falando em termos absolutos não é anterior sequer no
tempo. Todavia, não se deve crer que esse pensamento ora pensa,
ora não pensa. Quando é dissociado ele é, sozinho, precisamente
o que é propriamente, somente isto sendo imortal e eterno. Não
25 · lembramos por que, embora esse princípio seja impassível, o pensamento passivo é perecível e sem ele não há pensamento.

6

A ESFERA DA INTELECÇÃO (PENSAR) DOS OBJETOS indivisíveis
é a que exclui toda possibilidade de erro. Em contrapartida, onde
o falso e o verdadeiro são possíveis já encontramos uma composição de conceitos apreendidos como se formassem uma unidade.
30 · Como dizia Empédocles: "onde brotavam muitas cabeças sem pescoços"[101] advinha o Amor que as reúne: assim essas noções inicialmente dissociadas são combinadas, do que constituem exemplos
as noções de incomensurável e diagonal. No caso de fatos pretéri-
430b1 · tos ou futuros, a noção de tempo é adicionada, fazendo parte da
composição. A falsidade implica sempre uma composição, pois

---

101. Diels-Kranz, fragm. 57.

se afirmas que o branco é não branco, combinaste não branco.[102] Pode-se também classificar todos esses casos como divisões. Seja como for, a falsidade ou a verdade não dizem respeito somente à asserção de que Cleonte é branco, mas igualmente a de que *era* ou *será* branco. E é o pensamento que realiza a unidade de cada uma dessas composições.

No que toca ao indivisível – posto que é entendido em dois sentidos, ou seja, não divisível em potência ou não divisível em ato – nada impede de pensar o indivisível ao se pensar a extensão (uma vez que é indivisível em ato), e isso num tempo indivisível. De fato, o tempo é divisível e indivisível do mesmo modo que o é a extensão. Não é possível, portanto, declarar qual parte da extensão se pensa em cada metade do tempo, porque cada metade só existe em potência antes da divisão. Mas pensando-se separadamente cada uma das metades, divide-se o tempo por meio do mesmo ato e, de alguma maneira, por meio da extensão. Se, ao contrário, pensa-se a extensão como um todo constituído das duas metades, é pensada então num tempo que envolve ambas simultaneamente.

No que se refere ao que é indivisível não do ponto de vista da quantidade, mas daquele da forma, o pensamento o pensa num tempo indivisível e graças ao concurso de um ato indivisível da alma. É somente por acidente e não de modo idêntico aos *continua* que o ato que os pensa e o tempo no qual os pensa são divisíveis. Mas mesmo então são pensados como indivisíveis em ato. Há, de fato, até nos indivisíveis em ato um elemento indivisível (decerto não separado) responsável pela produção da unidade do tempo e da extensão. Esse elemento é encontrado igualmente em todo *continuum*, quer do tempo quer da extensão.[103]

Quanto ao ponto, como toda espécie de divisão e, geralmente, todo indivisível desse tipo, ocorre na consciência identicamente

---

102. Ross: *[...] e branco [...]*.

103. ...καὶ κρόνῳ καὶ μήκει... (*kaì krónoi kaì mêkei*), entenda-se *quer do tempo quer do espaço*.

às privações. A mesma resposta cabe a outras questões de caráter semelhante: por exemplo, como conhecer o mal ou o preto? Num certo sentido são conhecidos mediante seus contrários. É necessário, porém, que o cognoscente seja em potência seus objetos [contrários] e encerre em si um desses termos. Contudo, se uma das causas não tiver contrário, conhecerá a si mesma e existirá em ato independentemente.

A declaração, tal como a afirmação, aplica um atributo a um sujeito, sendo necessariamente verdadeira ou falsa. Quanto ao pensamento, nem sempre é o que ocorre. Não é quando aplica um atributo a um sujeito que é verdadeiro, mas quando apreende o ser da coisa como essência formal. Contudo, do mesmo modo que a visão do objeto sensível particular é sempre verdadeira (embora nem sempre a verdade seja alcançada quanto a saber se tal objeto branco é ou não é um ser humano), o pensamento mostra-se infalível com relação a todos os objetos independentes da matéria.

7

O CONHECIMENTO EM ATO É IDÊNTICO AO SEU OBJETO. É indubitável que o conhecimento em potência tem anterioridade, do ponto de vista do tempo, no indivíduo; entretanto, em termos absolutos, não apresenta anterioridade sequer do prisma do tempo – afinal, todas as coisas que vêm a ser procedem de um ser em ato. Está claro que tudo o que o objeto sensível faz é transferir a faculdade sensitiva da potência ao ato, já que de fato a faculdade não é nem afetada nem alterada. Deve-se concluir que há aqui uma forma distinta de movimento. O movimento foi definido como o ato daquilo que é incompleto, enquanto o ato na sua acepção simples, absoluta, é diferente, quero dizer o ato daquilo que é completado.

Assim, perceber sensorialmente assemelha-se ao mero declarar e pensar. Todavia, quando o objeto é prazeroso ou penoso, é bus-

10 · cado ou evitado mediante uma espécie de afirmação ou negação. O gozo ou a dor são atos da posição intermediária responsável pela constituição do sentido ante o bom ou o mau como tais. A aversão e o apetite – enquanto atos – identificam-se com isso; os princípios do apetite e da aversão não diferem nem mutuamente, nem da faculdade sensitiva. Mas o seu ser difere.

15 ·   No que respeita ao pensamento discursivo da alma, as imagens o servem como conteúdo da percepção. E se o objeto é bom ou mau, o pensamento discursivo afirma ou nega, busca ou se esquiva. É por isso que a alma jamais pensa sem uma imagem. É como no processo em que o ar confere à pupila esta ou aquela qualidade, a pupila, por sua vez, transmite essa qualidade a uma terceira coisa (algo análogo ocorrendo na audição). O ponto derradeiro é, porém, uno; constitui um ponto intermediário único, mas múltiplo,
20 · dadas suas distintas maneiras de ser. Já explicamos anteriormente o critério discriminador entre o doce e o quente. É, porém, necessário descrevê-lo novamente da maneira que se segue. Esse critério ou princípio é uma espécie de unidade, mas do modo que o limite o é. E sendo essas coisas unas por analogia e numericamente, são entre si como as qualidades discriminadas são entre si. Afinal, que diferença há em se perguntar como discrimina as qualidades de
25 · gêneros diferentes ou as qualidades opostas tais como o branco e o preto? Suponhamos que A (o branco) está para B (o preto) como C está para D. Podemos alternar a proporção. Se então as qualidades CD são atributos de um só sujeito, seu comportamento será igual ao das qualidades AB. Serão apenas uma única e mesma coisa, mas serão diferentes no que toca à essência. O mesmo vale para os
431b1 · outros pares, como esse mesmo raciocínio valerá se A representar o doce e B, o branco.

A conclusão é que as formas são pensadas pela faculdade intelectual nas imagens. Como os sensíveis determinam à faculdade intelectual o objeto a ser buscado e aquele a ser evitado, acontece de mesmo externamente à sensação – quando esta aplica-se às imagens – a faculdade se mover. Por exemplo, quando percebe-se que o

5 · archote está inflamado, o sentido comum denuncia, à vista de algo que se movimenta, a presença de um inimigo. Em outras ocasiões, com o auxílio das imagens presentes na alma, ou mais propriamente com a ajuda dos conceitos, calcula-se e delibera-se, como se víssemos, o futuro em função do presente.

E quando assevera-se que lá está o prazeroso ou o doloroso, nasce então o evitar ou o buscar e, de uma maneira geral, a ação de
10 · um ou outro. No que se refere ao que não envolve a ação, o verdadeiro e o falso, pertence ao mesmo domínio do bom e do mau, com a diferença de que os primeiros são em sentido absoluto, ao passo que os segundos são em sentido relativo, ou seja, relativamente a uma pessoa determinada.

Quanto aos assim chamados objetos abstratos, são pensados como o é chato (nariz), ou seja, o nariz chato enquanto tal é pensado sem ser dissociado da matéria. Entretanto, se consideramos a concavidade e pensamo-la em ato, o pensamento abstrai a carne em que está incorporada essa concavidade; isso explica por que os
15 · objetos matemáticos, ainda que não dissociados da matéria, são pensados como dissociados. Em todas as situações, o intelecto em ato é idêntico aos objetos que pensa. A questão de saber se o intelecto é capaz de pensar algo dissociado da matéria sem ser ele mesmo dissociado das grandezas espaciais ou se isso é impossível fica relegada a um exame posterior.

8

20 · Recapitulemos agora o que dissemos a respeito da alma. Repitamos que a alma é, num certo sentido, todos os seres, os quais são realmente ou sensíveis ou inteligíveis; o conhecimento, de algum modo, identifica-se com o cognoscível, tal como a sensação, por sua vez, identifica-se de algum modo com o objeto sensível. De que maneira ocorre isso é o que nos cabe investigar.

Estamos cientes de que conhecimento e sensação têm uma divisão que corresponde àquela das coisas, ou seja, se consideradas em potência, correspondem às coisas que constituem seus objetos em potência; por outro lado, se consideradas em ato, correspondem às coisas que constituem seus objetos em ato. Na alma, as faculdades sensitiva e cognitiva são esses objetos em potência, uma o que é sensível, a outra o que é cognoscente. São necessariamente esses objetos eles mesmos ou suas formas. A primeira alternativa é claramente impossível, pois não é a pedra que está na alma, mas sua forma. O que se conclui é que a alma é análoga à mão, já que, como a mão é o instrumento dos instrumentos, o intelecto é a forma das formas e a sensação, a forma dos sensíveis. Como parece não ser possível algum objeto existir dissociado das grandezas espaciais sensíveis, os objetos inteligíveis estão nas formas sensíveis: tanto o que chamamos de objetos abstratos, quanto todas as disposições e estados passivos dos objetos sensíveis. Esta é a razão porque, na ausência de qualquer sensação, ninguém pode aprender nem compreender; por outro lado, quando o pensamento ocupa-se de um objeto, é necessariamente acompanhado de uma imagem, uma vez que as imagens são, num certo sentido, conteúdos de sensações, com a ressalva de serem destituídas de matéria. A imaginação, contudo, difere da afirmação e da negação, pois o que é verdadeiro ou falso implica uma síntese de ideias. Mas, nesse caso, no que consistirá a diferença entre as ideias primárias e as imagens? Não seria o caso de declararmos que nem essas nem sequer nossas outras ideias são imagens embora necessariamente as envolvam?

9

A ALMA DOS ANIMAIS É CARACTERIZADA por duas faculdades: a faculdade julgadora, que é a função do pensamento e da sensação, e a produtora do movimento local. Basta no que toca ao exame da sensação e do intelecto. Mas no que se refere à faculdade motriz, necessitamos verificar o que desempenha essa função na alma. Será uma única parte da alma separada do ponto de vista da grandeza espacial ou daquele da definição? Ou será, ao contrário, a alma na sua totalidade? Se for uma parte, será uma parte distinta daquelas usualmente distinguidas ou já por nós indicadas, ou será uma delas? Aqui uma dificuldade é suscitada de imediato, nomeadamente em que sentido falamos de partes da alma e qual é o número destas. Num certo sentido, parecem ser em número infinito, ao contrário de se reduzirem, segundo alguns pensadores, às partes calculadora (do raciocínio), passional e apetitiva, ou segundo outros, à parte racional e à irracional. De fato, se examinarmos as diferenças que servem de fundamento a essas divisões, o resultado será detectarmos outras partes que apresentam entre si ainda mais diferenças que as primeiras, que são as de que já tratamos, ou seja, a parte nutritiva, comum aos vegetais e a todos os animais, e a parte sensitiva, que não é passível de ser facilmente classificada como irracional ou racional; na sequência a parte imaginativa, que pelo que é difere de todas as demais, mas que é muito difícil determinar com que partes se identifica e de que partes se distingue se supormos partes separadas na alma; finalmente, a parte que deseja, que tanto por sua definição quanto por sua capacidade parece ser distinta de todas as demais. Seria, todavia, absurdo decompor essa última parte porque é na parte calculadora (do raciocínio) que nasce a vontade, como nascem o apetite e a paixão na parte irracional. Na hipótese de a alma ser tripartite, o desejo é encontrado em cada uma das partes.

Voltemos, contudo, ao objeto de nossa discussão em pauta. O que, no tocante ao animal, produz o movimento local? De fato, seria de se pensar que os movimentos de crescimento e decadência, comuns a todos os seres vivos, devessem ser atribuídos à faculdade de reprodução e nutrição, que é comum a todos. No que toca à aspiração e expiração, ao sono e à vigília, será necessário que os estudemos mais tarde,[104] visto que também essas questões comportam graves dificuldades. De momento, cabe-nos investigar o movimento local, indagando o que é que produz a locomoção no que respeita ao animal.

15 · É óbvio que não é a faculdade nutritiva, pois esse movimento, a locomoção, ocorre sempre em função de um fim e é acompanhado ou da imaginação, ou do desejo; de fato, o animal, se não experimenta um impulso para um objeto, nem dele se esquiva, somente é movido por ação de força. Por outro lado, se fosse a faculdade nutritiva, até os vegetais seriam dotados desse movimento, podendo produzi-lo, possuindo os órgãos necessários para garanti-lo.

Não é tampouco a faculdade sensitiva. Com efeito, são nume-
20 · rosos os animais capazes de sensação que, a despeito disso, permanecem sedentários ou estacionários a existência inteira. Se é verdade que a natureza jamais faz algo desprovido de propósito e nunca deixa de suprir o necessário (a não ser no que toca às mutilações e desenvolvimentos incompletos, quando aqui nos referimos a animais não mutilados e perfeitos, do que é prova o fato de se reproduzirem e alcançarem a maturidade antes de entrarem em decadência e perecerem), conclui-se que, tivessem eles sido capazes de produzir
25 · locomoção, teriam sido dotados dos órgãos necessários à realização dessa função.

Também não é a faculdade intelectiva nem o que denominamos intelecto a fonte de tal movimento. De fato, o intelecto especulativo nada pensa na esfera do prático, nem se manifesta quanto aos objetos a serem evitados ou buscados, enquanto o movimento local diz respeito sempre ao evitar ou buscar de um objeto. Mesmo quando o intelecto tem ciência de um objeto desses, não emite nenhum comando, seja a favor do evitar, seja a favor da
30 · busca. Daí o intelecto frequentemente conceber algo de temível ou prazeroso sem agregar a emoção do medo. Somente o coração é impressionado e, na hipótese de o objeto ser prazeroso, trata-se

---

104. Os pequenos tratados *Da Respiração* e *Do Sono e da Vigília*.

433a1 · de uma outra parte do corpo. Ademais, mesmo quando o intelecto realmente comanda e nos instrui a nos esquivarmos ou buscarmos algo, por vezes não se produz nenhum movimento. Agimos em função do desejo, como no caso da falta de autocontrole. Geralmente constatamos que aquele que possui conhecimento médico
5 · não produz necessariamente curas, o que indica que algo mais é necessário para produzir a ação de acordo com o conhecimento: este por si só não constitui a causa. Finalmente, também não é o desejo o responsável por esse tipo de movimento. Aqueles que têm autocontrole, quando experimentam desejos e apetites não agem em função do desejo, mas acatam o intelecto.

10

Ao menos o seguinte está claro: desde que tenhamos a
10 · imaginação na conta de uma espécie de intelecção, há duas fontes do movimento local, nomeadamente o desejo e o intelecto. É frequente os indivíduos desviarem-se do conhecimento para seguirem sua imaginação, e os outros animais [além do ser humano] não são capazes nem de cálculo nem de raciocínio, mas tão só de imaginação. A conclusão é que estes dois são fontes do movimento local: o intelecto e o desejo, entendendo eu aqui o intelecto que calcula ou raciocina em vista de um objetivo, isto é, o intelecto prático, o qual
15 · difere do intelecto teórico (especulativo) em função do caráter de seu fim. Por sua vez, o desejo constantemente persegue um objetivo, sendo que o próprio objeto do desejo torna-se princípio do intelecto prático; e o ponto final do processo do raciocinar constitui o ponto de partida da ação. É por boa razão que esses dois, nomeadamente o desejo e o intelecto prático, são considerados fontes do movimento; de fato, o desejável é desencadeador de movimento, e se o pensamento é desencadeador de movimento, o motivo disso é ter o princípio de seu próprio movimento no desejável. O mesmo

20 · ocorre com a imaginação, que quando produz movimento, somente o produz estando presente o desejo.

A fonte motriz primeira é, portanto, única: é o objeto desejável. Se realmente houvesse duas fontes do movimento – o intelecto e o desejo –, seria por força de um caráter comum que seriam motrizes. Mas o que se constata factualmente é que o intelecto não gera movimento sem o concurso do desejo – de fato, a volição é uma forma de desejo, e quando o movimento é gerado com base no cálculo ou raciocínio, também o é com base na volição. O desejo, ao contrá-
25 · rio, é capaz de gerar movimento independentemente do cálculo ou raciocínio, porque o apetite é uma forma de desejo. É de se notar, entretanto, que enquanto o intelecto é sempre correto, o desejo e a imaginação podem ser tanto corretos quanto incorretos. Nisso reside a razão de o objeto desejável ser sempre o motor, o que, contudo, pode tanto ser um bem real quanto um bem tão só aparente.
30 · E para ser motor, o objeto necessita ser mais do que isso – tem que ser um bem passível de vir a ser pela ação; e apenas o que pode ser diferente de como é pode de tal modo vir a ser.

433b1 · Que é, portanto, essa faculdade da alma a que damos o nome de desejo a fonte do movimento está claro. Os que dividem a alma em partes, baseando essa distinção e divisão nas diferenças de faculdades da alma, acabam por se ver com uma grande multiplicidade de partes, a saber, nutritiva, sensitiva, intelectiva, deliberativa e, afinal, a do desejo; de fato, essas partes diferem mais entre si que a parte apetitiva da parte passional. De qualquer modo, sabe-se o seguinte:
5 · os desejos nascem em mútuo conflito, o que ocorre quando razão e apetites atuam em oposição, algo próprio dos seres que possuem a percepção do tempo (o intelecto impele-nos a resistir tendo em vista o que é futuro, ao passo que o apetite nos arrasta visando exclusivamente ao imediato, já que o prazer momentâneo parece ser prazeroso em absoluto e bom em absoluto, por falta da visão do
10 · futuro). Em consequência, a fonte do movimento tem que ser *do ponto de vista da forma* una: trata-se da faculdade do desejo como tal, sendo o desejável anterior a tudo o mais (pois ele é motor sem

ser movido por ser pensado ou imaginado); entretanto, *do ponto de vista do número*, as fontes geradoras de movimento são múltiplas.

O movimento implica três fatores, sendo o primeiro o motor, o segundo aquilo por meio do que o motor move, e o terceiro o que é movido. Quanto à expressão motor, apresenta dupla acepção, isto é, pode significar um motor imóvel ou um motor móvel e movido. Aqui o motor imóvel corresponde ao bem prático, enquanto o móvel e movido é a faculdade do desejo (pois o que é movido o é na medida em que deseja e o desejo em ato é um tipo de movimento); e enfim o movido é o animal. O instrumento utilizado pelo desejo para produzir movimento é corpóreo; é, assim, entre as funções comuns ao corpo e à alma que se deve desenvolver a investigação desse instrumento. Por ora, restrinjamo-nos às seguintes indicações sumárias: o motor que atua por meio de instrumentos reside no ponto em que coincidem o princípio e o fim do movimento, o que pode ser exemplificado por uma junta articulada: a convexidade e a concavidade encontram-se nesse ponto, a primeira como fim, e a segunda como princípio do movimento – enquanto o côncavo está em repouso, o convexo está em movimento; são diferentes do ponto de vista da definição, mas indissociáveis espacialmente. De fato, tudo é movido por impulsão e por tração. Assim, tal como no caso de uma roda, é necessário haver aqui um ponto fixo que seja a fonte do movimento.

Portanto, sintetizando-o e repetindo o que já se disse, na medida em que um animal é capaz de desejo, é capaz de mover a si mesmo. Entretanto, a faculdade do desejo não independe da imaginação. E toda imaginação é racional ou sensível. Desta última, todos os animais participam.

11

É NECESSÁRIO TAMBÉM EXAMINAR o caso dos animais imperfeitos, isto é, os que são dotados apenas do sentido do tato. Neles qual

434a1 · é a fonte do movimento? Há possibilidade ou não de possuírem imaginação e apetite? É evidente que experimentam dor e prazer. E se os experimentam, devem necessariamente experimentar apetite. Mas como conceber que são dotados de imaginação? Não seria necessário dizermos que, considerando que seus movimentos são indeterminados, são dotados dessas faculdades, mas de uma ma-
5 · neira indeterminada?

A imaginação sensitiva, como o dissemos, é encontrada em todos os animais, enquanto a deliberativa o é apenas entre os capazes de raciocínio; de fato, saber se nos disporemos a fazer isso ou aquilo já constitui uma tarefa que requer raciocínio. Para esses animais é necessário contar sempre com um único padrão de medida, pois buscam para si o que constitui seu maior interesse. O resultado é que o que atua dessa maneira é necessariamente capaz de constituir uma unidade a partir de múltiplas imagens.
10 · Essa é a razão de se considerar que a imaginação [sensitiva] não envolve opinião fundada no silogismo, ainda que a opinião implique imaginação. Assim, o desejo não contém nenhum elemento deliberativo, dominando por vezes a volição e desencadeando o movimento desta; outras vezes a volição é que prevalece sobre o desejo, como uma esfera [que compelisse uma outra esfera]; acontece finalmente de um desejo impor-se sobre um outro desejo, como ocorre no caso da falta de controle (ainda que por natureza
15 · seja sempre a faculdade superior que tem primazia e produz o movimento). Desse modo, três tipos de movimento são possíveis [do ponto de vista do animal].

No que tange à faculdade cognitiva, nada move e permanece em repouso. Visto que uma das premissas ou juízo é universal e a outra ocupa-se do particular (no primeiro caso é enunciado que uma certa ação deve ser realizada por um certo tipo de sujeito, enquanto no segundo, que tal ação é do tipo determinado e que eu sou o sujeito qualificado para realizá-la), é a opinião contida na segunda premissa que instaura o movimento e não a premissa que trata do universal. Ou, mais propriamente, são ambas, porém

20 · uma o faz num estado semelhante ao repouso, enquanto a outra participa do movimento.

12

Assim, é determinado pela necessidade que toda coisa viva, seja qual for, possua alma nutritiva, possuindo-a desde sua geração até sua morte. É efetivamente necessário que o ser vivo produzido pela geração atravesse os processos de crescimento, maturidade e 25 · decadência, sendo todos esses processos impossíveis sem a nutrição. Portanto, a faculdade nutritiva tem que estar necessariamente presente em todas as coisas que crescem, entram em declínio e morrem. Entretanto, a sensação não precisa estar presente em todos os seres vivos; de fato, os seres vivos cujo corpo é simples não podem ser dotados de tato, o mesmo ocorrendo com aqueles que são inaptos 30 · para receber as formas sem a matéria. Os animais, contudo, são necessariamente dotados da sensação, uma vez que a natureza nada faz em vão. De fato, todas as coisas existem na natureza em vista de um fim, ou são concomitantes de meios que visam a um fim. Se todo corpo fosse capaz de movimento de progressão, mas lhe 434b1 · faltasse sensação, estaria condenado a perecer sem atingir seu fim, o que constitui a meta da natureza. Pois como poderia nutrir-se? Somente as coisas vivas estacionárias podem extrair sua nutrição do próprio meio em que se originaram. Por outro lado, é impossível que um corpo não estacionário e produzido por geração tenha uma alma e uma inteligência capaz de discernimento sem ser dotado de 5 · sensação. [E nem sequer se não fosse produzido por geração.] Para que lhe serviria esse intelecto? Teria que ser de alguma utilidade para a alma ou para o corpo. O fato é que não ocorre nem uma coisa nem outra: nem a alma pensaria mais com isso, nem o corpo seria mais perfeito com isso. A conclusão é que nenhum corpo capaz de movimento possui uma alma sem ser capaz de sensação.

10 · E se o corpo é capaz de sensação, tem que ser simples ou composto. A hipótese de ser simples deve ser descartada, pois se o fosse seria privado de tato, o qual lhe é indispensável. E o demonstramos da seguinte maneira: o animal é um corpo animado, isto é, dotado de alma; todo corpo é tangível, ou seja, pode ser percebido pelo tato: a conclusão é que é necessário que o corpo do animal seja também ele provido de tato para que o animal esteja capacitado a assegurar
15 · sua própria preservação. No caso dos demais sentidos, sabemos que são exercidos através de veículos externos, que é o que ocorre com o olfato, a visão e a audição. Se, entretanto, o animal faz contato imediato com outra coisa, na hipótese de ser destituído de sensibilidade tátil, está impossibilitado de fugir de certas coisas ou agarrar outras. Nessas circunstâncias, a sobrevivência do animal seria impossível.
20 · É a razão de também o paladar ser um tipo de tato: seu objeto é o alimento e este é um corpo tátil. Em contrapartida, a cor e o cheiro não se nutrem nem são responsáveis pelo crescimento ou decadência do animal. A consequência inevitável é o próprio paladar ser um tipo de tato por ser o sentido do tangível nutritivo. Ambos esses sentidos são, portanto, indispensáveis ao animal e, com absoluta evidência, sua existência seria impossível sem o tato.

Todos os outros sentidos servem ao bem-estar e, por isso mesmo, não estão presentes necessariamente em toda e qualquer
25 · espécie animal, mas apenas em algumas, do que constituem exemplo os animais dotados do movimento de progressão (locomoção). Os animais dessa espécie necessitam, para garantir a própria sobrevivência, não só da capacidade de percepção imediata pelo contato, como também da capacidade de perceber à distância. Isso lhes será possível se forem capazes da percepção através de um veículo, o qual é afetado e movido pela coisa perceptível, enquanto o animal o é pelo veículo. Ocorre aqui algo semelhante ao movimento local, ou seja, a fonte do movimento produz uma mudança que se estende
30 · até um certo ponto, ao passo que o que gerou o impulso produz uma outra a fim de que um novo impulso seja gerado, de sorte que o movimento percorre o veículo, o primeiro motor impulsionando

sem ser impulsionado, o último movido sendo impulsionado sem
435a1 · impulsionar, enquanto o veículo, finalmente, ou veículos (visto que
são muitos) simultaneamente é impulsionado e impulsiona. Assim
ocorre no caso da alteração, com a diferença de que nesse caso o
agente a produz sem que o paciente mude seu lugar. Por exemplo, se
mergulhamos um sinete na cera, esse movimento só afetará a cera
na medida da penetração do sinete. A pedra, ao contrário, não seria
afetada em absoluto, ao passo que a água seria afetada muito além
do objeto nela mergulhado. Com referência ao ar, trata-se de um
elemento sumamente móvel, ativo e passivo, desde que se mantenha
5 · como uma massa única. Isso explica por que, no caso da reflexão, é
melhor, em lugar de supor que a visão é egressa do olho e refletida,
dizer que o ar, enquanto preserva sua unidade, é afetado pela forma
e pela cor. O ar mantém sua unidade numa superfície lisa, de modo
a capacitar-se a mover a visão, como se a impressão na cera fosse
10 · transmitida até o limite da extensão da cera.

13

É UMA EVIDÊNCIA NÃO SER POSSÍVEL QUE O CORPO do animal
seja simples. O que quero dizer é que não é possível, por exemplo,
que seja constituído do fogo ou do ar. A realidade é que na ausência
do tato nenhum outro sentido pode estar presente no animal. Já o
dissemos: todo corpo animado possui sensibilidade tátil. Todos os
15 · outros elementos, exceto a terra, sem dúvida poderiam constituir
órgãos dos sentidos. Mas na hipótese de todos esses órgãos pro-
duzirem percepção, o seu exercício envolveria um intermediário
externo, isto é, os veículos. O tato, ao contrário, ocorre diretamente
através do contato com os objetos, de onde retira o próprio nome.
É indiscutível que os outros órgãos também percebem mediante
contato, mas o fazem indiretamente. Somente o tato parece perce-

ber por si mesmo. A conclusão é que nenhum elemento desse tipo poderia constituir o corpo do animal.

Tampouco é possível que esse corpo seja constituído de terra. Na verdade, entre todas as qualidades tácteis, o tato é um tipo de meio; além disso, seu órgão é capaz não só de receber todas as qualidades específicas peculiares à terra, como também o quente e o frio, bem como quaisquer outras qualidades tácteis. Se os ossos, os cabelos e outras partes semelhantes do corpo não produzem sensação, é porque são compostos de terra. Quanto aos vegetais, não experimentam nenhuma sensação por idêntica razão: consistem de terra. Sem o tato, nenhum outro sentido pode estar presente, e o órgão pertencente a esse sentido não é constituído nem de terra isoladamente, nem de qualquer outro elemento exclusivo.

Fica, portanto, evidente que o sentido do tato é necessariamente o único cuja ausência acarreta a morte dos animais. De fato, nem é possível que um ser seja dotado desse sentido se não for um animal, nem é necessário para ser um animal ser dotado de um outro além desse. Isso explica por que as outras qualidades sensíveis, a saber, a cor, o som e o cheiro, não aniquilam o animal devido à sua intensidade excessiva, mas tão só seus órgãos dos sentidos (salvo acidentalmente, por exemplo se o som é acompanhado de um impacto ou choque, ou no caso de fenômenos que são percebidos pela visão ou o olfato desencadearem outros fenômenos cujo contato é destrutivo). O mesmo aplica-se ao objeto que tem sabor, ou seja, é enquanto se revela também tangível que é destrutivo. Em contrapartida, qualidades tácteis de intensidade excessiva, digamos o calor, o frio e a dureza, destroem o próprio animal. Na verdade, toda qualidade sensível detentora de intensidade excessiva destrói o órgão – o tangível demasiado intenso destrói o tato que, segundo definimos, é a marca essencial da vida animal. Sem o tato, como mostramos, a existência animal é impossível. Essa é a razão porque as qualidades tácteis excessivamente intensas não se limitam a destruir o órgão sensorial, mas destroem o próprio animal – porque esse sentido (tato) é o único que o animal deve necessariamente possuir.

20 ·   No que respeita aos demais sentidos, estão presentes nos animais, como dissemos, não para permitir sua existência, mas para prover seu bem-estar. É o caso da visão. Considerando-se que o animal vive no ar, na água ou geralmente no que é transparente, é dotado de visão para que possa ver. O paladar existe em função do agradável e do desagradável, para que o animal possa detectar essas qualidades em seu alimento, com o que deseje pôr-se, finalmente, em movimento; quanto à audição, sua função é obter comunicação
25 · de certos signos, *enquanto a língua tem como função a comunicação com outros mediante signos.*[105]

---

105. Eliminado por Ross.

Este livro foi impresso pela Gráfica Cromosete
em fonte Garamond Premier Pro sobre papel Pólen Bold 70 g/m²
para a Edipro no outono de 2021.